LA BANQUE
DE HAMBOURG
RENDUE FACILE
AUX NÉGOCIANS DE L'ÉTRANGER.

LA BANQUE DE HAMBOURG

RENDUE FACILE

AUX NÉGOCIANS DE L'ÉTRANGER,

Avec des Recherches intéressantes sur son origine, sur les changemens qu'elle a éprouvés à différentes époques, et sur son organisation actuelle;

Par **J. G. BUSCH**,

PROFESSEUR DE MATHÉMATIQUES ET DE COMMERCE.

———

A PARIS,

Chez HUGUIN, Imprimeur-Libraire, rue du Foin-Saint-Jacques, n° 31.

———

AN IX. (1801.)

BANQUE DE HAMBOURG.

CHAPITRE PREMIER.

Notice générale sur les Banques dites del Giro, mot italien qui signifie Cercle. *De leurs avantages et de leurs inconvéniens.*

ARTICLE PREMIER.

DANS chaque état, le paiement en argent comptant éprouve des difficultés en raison de l'accroissement du commerce. Le négociant se voit par conséquent forcé de tenir plusieurs commis dans ses bureaux, et de satisfaire à une infinité d'autres dépenses ; c'est alors que l'établissement d'une *Banque* devient absolument indispensable.

Un des avantages essentiels que présentent les Banques conçues de la manière que nous expliquons, c'est qu'elles facilitent et activent toute espèce de transactions commerciales ; qu'il s'y glisse communément moins d'erreurs que lorsqu'on est obligé de payer en espèces sonnantes, et qu'enfin elles dispensent le propriétaire du soin de garder son argent dans sa maison.

Il est de toute notoriété que, durant les temps moyens, l'Italie a joui de l'état de commerce le plus florissant ; que l'affluence des affaires s'y était accrue à un tel point, qu'on a dû naturellement chercher les moyens d'activer les paiemens d'une manière quelconque ; voilà l'origine des Banques : c'est aussi en Italie qu'elles furent premièrement établies. N'ayant point entrepris de faire ici la description de toutes les différentes sortes de Banques qui existent et qui ont existé, mais me bornant simplement à expliquer la nature de celle qui est établie à Hambourg sous le nom de *Girobanque*, j'éviterai de parler de tout ce qui n'y a pas un rapport bien direct.

Il serait en quelque sorte inutile de vouloir remonter ici à l'étymologie du mot *Girobanque*. Giro, qui signifie *cercle* en notre langue, explique déjà suffisamment que ces sortes de Banques ne doivent être employées que pour une seule ville, dans le cercle de

(3)

laquelle elles doivent faciliter aux habitans de cette cité les paiemens qu'ils se font entre eux.

Une Girobanque est un lieu sûr, et sous la protection du gouvernement, où le commerçant et l'habitant d'une même ville, de quelque profession et condition qu'ils soient, jouissant des droits de bourgeoisie requis selon la constitution de l'endroit, déposent des fonds chacun selon son gré et ses facultés; ces fonds sont inscrits sur un registre général ou grand-livre, et sur une feuille à part pour chacun des déposans; en sorte que, pour effectuer un paiement quelconque, il suffit de défalquer la somme due de la feuille du débiteur, et de l'inscrire sur celle du créancier. Cette opération peut se continuer jusqu'à ce que les fonds en Banque du débiteur soient entièrement épuisés.

Qu'on se figure une caisse où plusieurs négocians d'une même place auraient déposé en commun chacun une certaine somme d'argent, dont il serait tenu un compte général et particulier pour chaque individu déposant, il devient alors très-aisé de concevoir que cette caisse va présenter un moyen

facile de faire des paiemens sans être obligée de débourser un seul écu. Mais, pour
rendre encore , s'il se peut , la chose plus
sensible à mes lecteurs , je vais là-dessus
citer un exemple : Je suppose que le nommé
Muller ait déposé un fonds de 10,000 écus
dans cette caisse , et qu'il doive 1,000 écus
à un autre individu nommé Meyer, qui y
est aussi intéressé pour 5,000 ; au lieu de
donner de l'argent monnoyé à celui-ci, Muller
autorise celui qui tient les comptes de la
caisse de faire effacer de sa feuille 1,000
écus , et de les transcrire sur la feuille de
son créancier. Par cette simple transposition
de chiffres, Muller se trouve plus pauvre de
1,000 écus , et Meyer d'autant plus riche.
Le paiement est donc effectué comme si
celui-ci avait reçu une bourse de 1,000 écus
en espèces sonnantes. J'entrerais ici dans
d'autres détails pour rendre la chose encore
plus palpable , si je ne craignais pas d'em-
piéter sur l'organisation intérieure de cette
Banque, au chapitre de laquelle je reviendrai
sur cette matière.

Supposons maintenant que Meyer soit débiteur d'un autre individu , qui n'est point

(5)

inscrit en Banque , et que je nommerai
Schultz ; celui-ci alors aura droit , s'il est
habitant de la même ville , de se faire ouvrir un compte en Banque , c'est-à-dire, de
se faire donner une feuille de Banque , où
sera inscrite la somme que Meyer aura fait
défalquer de la sienne , en sorte qu'il en de-
viendra par-là possesseur comme s'il en avait
lui-même déposé la valeur en Banque. Si
cependant Schultz ne veut point être inscrit en Banque , et qu'il exige que Meyer
lui paie cette somme en argent comptant ,
il lui est toujours libre de la retirer de la
Banque ; il suit , dans ce dernier cas , la
marche statuée sur les bases et lois fondamentales qui constituent l'établissement de
la Banque. Telle est la nature d'une Girobanque.

I I.

Pour éviter toute fraude dans de pareilles
transactions , il est essentiel que le propriétaire en Banque comparaisse en personne,
pour donner lui-même son consentement à
cette mutation. Quoiqu'il soit difficile de
contrefaire une signature , cela n'empêche

pàs néanmoins que le propriétaire, ou son préposé, qui veut faire passer quelque chose de sa feuille dans celle d'un autre, ne soit tenu de donner en conséquence, par écrit, un mandat au teneur de livres de la Banque, afin que, s'il survenait par la suite quelques mésentendus entre les parties intéressées, celui-ci pût justifier qu'il a été légalement autorisé à faire le changement. C'est aussi le moyen de rectifier les erreurs que le teneur de livres pourrait commettre dans ses opérations d'arithmétique, et relativement à la désignation des personnes qui doivent recevoir.

Dans les Banques de cette nature, il est donc d'usage au propriétaire qui veut s'acquitter d'un paiement quelconque d'écrire, selon la formule usitée, un billet sur lequel il spécifie le montant de la somme qu'il doit déduire de sa feuille; puis il faut qu'il l'apporte lui-même à la Banque, ou son chargé de procuration, présenté par lui aux directeurs, et reconnu d'eux comme tel.

I I I.

La Girobanque, comme je l'ai déjà dit,

ne peut servir qu'aux habitans d'une même ville ; mais si des étrangers voulaient participer à ces viremens, ils seraient obligés de s'adresser à un habitant de cette ville , et propriétaire d'un certain fonds dans la Banque, sous le nom et par le moyen duquel ils pourraient y faire passer leur argent. Tout cela dépend en général de l'organisation de la Banque ou des lois qui l'autorisent ou le tolèrent. Au surplus, quand bien même les lois se tairaient à cet égard , toujours est-il vrai qu'il résulte de la nature de cette Banque une impossibilité tout-à-la-fois morale et physique aux étrangers de contracter directement avec elle.

Par exemple , Muller , habitant de Hambourg, veut faire passer 1,000 écus de sa feuille de Banque à Schultz , domicilié à Brême. La Banque ne peut, à la vérité , objecter aucune difficulté à l'inscription du nom de l'étranger à la place de celui de Muller , dès que celui-ci a intimé sa volonté en personne. Mais Schultz a besoin d'argent comptant , et veut absolument avoir ses 1,000 écus en espèces sonnantes : il écrit en conséquence aux directeurs de la Banque ; mais

sa signature n'est point une conviction suffisante en affaires de Banque , pour que les
directeurs puissent légitimement acquiescer à
sa demande. Que va-t-il faire à présent ?
Faut-il qu'il fasse légaliser sa signature par-
devant notaire , et qu'il envoie cette attesta-
tion à Hambourg , ou qu'il parte lui-même
pour cette ville ? Mais encore , malgré cela ,
toujours serait-il obligé de prouver que c'est
lui qui est autorisé à recevoir les 1,000 écus.
On sent bien que tout ceci entraînerait des
longueurs à l'infini. Quel parti prendra donc
Schultz ? Il mandera à Muller de faire passer
cette somme sur la feuille de Meyer, qui
est son créancier; ou , s'il ne doit rien à celui-
ci, il s'adressera à un troisième, qui lui re-
mettra cette somme après l'avoir inscrite sur
sa feuille de Banque, ou bien à tout autre de
ses créanciers, et cela sans qu'il soit besoin
d'autre chose que d'une simple lettre qui
donne les documens nécessaires.

I V.

Tous les intéressés jouissent des mêmes
droits dans la Banque. Ils peuvent être con-

sidérés comme les membres d'une société privée, qui ne se connaîtraient point entre eux, mais dont chacun en particulier serait connu du maître de la maison. Les paiemens en Banque se font entre les citoyens de la même ville où la Banque est établie. Cependant il est rare que les citoyens, qui ne sont point inscrits en Banque, et qui ont pourtant des remboursemens à toucher, y prennent une feuille en leurs noms. Comme il est permis aux intéressés de la Banque d'y porter de nouveaux fonds, ils peuvent aussi, quand bon leur semble, les en retirer; il suit de là que le trésor de la Banque augmente et diminue alternativement. On ne doit envisager aucun intérêt sur les fonds qu'on dépose dans une Banque, qui n'est destinée qu'à servir de caisse commune aux citoyens d'une même ville. Comme il n'existe point de distinction entre les intéressés dans la Banque, celui qui vient après ceux-ci s'y faire inscrire jouit des mêmes droits que ses prédécesseurs.

V.

La Banque dite *del Giro* en italien, et que

nous sommes convenus d'appeler *Giroban-que*, peut évaluer, comme bon lui semble, les fonds déposés chez elle. Si elle en porte la valeur au-dessus du comptant, l'action-naire n'en devient pas pour cela plus riche, et il ne pourra pas retirer de la Banque une plus grande somme que celle qu'il y a effec-tivement déposée. Pour rendre la chose évi-dente, je suppose que cette Banque ne pos-sède qu'un million d'écus en dépôt, et qu'elle en porte deux millions dans ses livres de compte, de manière à ce que l'avoir de l'actionnaire en Banque se trouve augmenté de moitié, je dis que, malgré cela, il n'en résultera pour celui-ci ni perte ni gain. Je m'explique : le nommé Meyer a déposé 10,000 écus, et on l'a crédité dans sa feuille de Banque pour 20,000. Si, après en avoir retiré 10,000 écus, ou les avoir fait passer sur la feuille d'un autre, Meyer voulait encore en envoyer 10,000 à Muller, on sent natu-rellement que la Banque doit s'y refuser, sans quoi elle se trouverait dans le cas de payer deux fois. La Banque n'est donc pas tenue à répondre de plus de 10,000 écus vis-à-vis de Meyer, quoiqu'elle ait porté cette somme au double dans ses livres. Ainsi ni Meyer ni ses créanciers, s'il en a, ne pourront retirer de ces 10,000 écus que leur véritable valeur intrinsèque. Il suit de là que le créancier de Meyer ne touchera en effectif que 10,000 écus, quoique la Banque lui en porte 20,000 sur sa feuille.

Les valeurs nominales en Banque ne peuvent donc occasionner aucun avantage ni préjudice à l'actionnaire.

Une Banque semblable à celle qui est établie en Angleterre, c'est-à-dire une Banque à billets, offre d'autres résultats. La Banque de Londres fut établie, en 1694, dans la cinquième année du règne de Guillaume III et de la reine Marie, avec le privilège exclusif d'escompter les billets et lettres de change qui auraient un terme moindre de six mois à courir. Elle fait aussi le commerce des matières d'or et d'argent, mais elle n'en peut faire d'autres, à moins que ce ne soit pour vendre les effets qui lui sont hypothéqués dans les trois mois après les termes exprimés.

Chaque action de la Banque est de 100 L. de *stock*, c'est-à-dire de premier fonds.

Ceux qui le veulent mettent leur argent à la Banque en prenant des billets dont les intérêts leur sont payés jusqu'au jour du remboursement, à raison de six pour cent par an.

Les officiers de la Banque font publier de temps en temps les paiemens qu'ils doivent faire, et pour lors ceux qui ont besoin de leur argent le viennent recevoir. Il est cependant permis aux particuliers d'y laisser leurs fonds s'ils le jugent à propos, et les intérêts leur en sont continués sur le même pied de six pour cent par an.

Comme il n'y a pas toujours de fonds à la Banque pour faire des paiemens, ceux qui, dans les temps que la caisse de la Banque est fermée, ont besoin de leur argent, négocient leurs billets à plus ou moins de perte, suivant le crédit que ces papiers ont dans le public ; ce qui arrive ordinairement suivant les circonstances et le bon ou mauvais succès des affaires de l'état.

Lorsque l'état a besoin d'argent, il donne à la Banque des billets de l'échiquier (1) de

(1) Il y a un grand et petit échiquier : le grand échiquier est une chambre des comptes ; le petit échiquier, qui est le trésor royal, est administré par des officiers que le roi nomme.

100 liv. chacun, portant intérêt de 2 deniers par jour ; ce qui fait 3 liv. 10 sous par an. La Banque met ces billets dans ses coffres, jusqu'à ce qu'elle soit remboursée du capital et des intérêts. Lorsque l'état veut faire circuler les billets de l'échiquier, la Banque ouvre des inscriptions ; et, moyennant qu'elle laisse aux souscripteurs une petite partie du bénéfice qui lui est assigné, la majeure partie de ces billets est bientôt répandue dans le public.

Indépendamment de ces effets, la Banque fait circuler ses propres billets payables au porteur à vue ; elle en a pour des sommes immenses dans le public, dont on est quelquefois plusieurs années sans demander l'argent, parce qu'on est sûr de l'avoir au moment du besoin.

La Banque conserve encore des sommes considérables que les particuliers déposent chez elle ; c'est ce qu'on appelle *Caisse en Banque ;* elle n'en paie aucun intérêt, comme elle ne prend rien pour la garde.

Tous les capitaux de la Banque sont hypothéqués à ceux qui déposent leur argent chez elle ; elle ne reçoit que des espèces frappées au coin de l'Angleterre.

Observations.

Les billets sont reçus, pour comptant, par le caissier de la Compagnie des Indes, en paiement des ventes qu'elle fait.

La Banque royale d'Angleterre a les mêmes officiers que l'échiquier : le parlement en est garant ; c'est lui qui lui assigne les fonds nécessaires pour les emprunts qu'elle fait pour l'état.

Supposons que cette Banque n'eût qu'un fonds d'un million, et que pourtant elle fît une émission de deux millions de billets, je dis qu'elle n'éprouverait aucune difficulté dans les paiemens tant que le premier million ne serait pas entièrement épuisé ; mais, dans une Girobanque, cela ne va pas ainsi. Si, après avoir doublé la valeur des fonds qui sont déposés chez elle, la Banque voyait chacun de ses actionnaires venir réclamer le double de son capital, elle ne pourrait acquiescer à leurs demandes sans s'exposer au plus grand embarras. Je sais qu'il y a beaucoup d'actionnaires qui trouveraient très-commode de se faire rembourser deux fois ;

mais, dans ce cas, il faudrait donc que ceux qui resteraient en retard pâtissent pour ceux-ci, et vissent leurs propres capitaux passer dans des mains étrangères.

Si donc, pour profiter des mêmes avantages que retire une Banque à billets quand elle fait une plus grande émission de papiers que les fonds n'en représentent, la Girobanque suivait une marche aussi imprudente que celle-ci, les intéressés ne tarderaient point à s'appercevoir de la fraude. Les funestes conséquences qui en résulteraient forceraient bientôt la Banque de changer de systême. On serait donc obligé, pour rétablir l'ordre, de statuer les paiemens sur la valeur intrinsèque et non sur la valeur nominale.

Ceci nous prouve donc que, quelle que soit la valeur nominale à laquelle la Girobanque ait porté les fonds qui sont déposés chez elle, celle-ci n'influe en rien sur les viremens des intéressés.

V I.

De même que les Banques à billets, une Girobanque prête aussi sur gage; c'est-à-dire,

qu'elle donne dans ses livres une valeur dé-
terminée aux matières d'or et d'argent qu'on
vient déposer chez elle ; voilà de quelle manière elle augmente son trésor et les valeurs
numériques dans les livres, sans être sujète
aux inconvéniens mentionnés au paragra-
phe 5.

V I I.

Il est bien naturel de penser que la Banque
ne prêtera pas sur gage sans en retirer quelqu'intérêt. Cependant les actionnaires n'y
ont aucune part, attendu la difficulté qu'il
y aurait d'en faire une répartition juste et
convenable entre eux. Par sa constitution,
la Banque nous démontre déjà assez clairement qu'une pareille distribution, si toutefois elle était possible, ne retomberait pas
toujours sur les vrais propriétaires, vu que
la propriété de ceux-ci n'y est pas fixe. A la
vérité, les sommes contenues dans les livres
de Banque ne changent pas aussi souvent de
possesseurs que les papiers que les Banques à
billets mettent en circulation, et chaque
jour on renouvelle la vérification de chaque
feuille. Mais il n'est pas moins vrai que si

l'on voulait répartir les intérêts d'un emprunt entre tous les intéressés de la Banque, les difficultés deviendraient interminables. Il faut donc que ces intérêts restent au profit du gouvernement, ou soient employés à payer les frais d'administration de la Banque. Ce sont ainsi les directeurs et autres employés de la Banque sur qui ses intérêts sont reversibles.

Voilà donc aussi pourquoi la Banque n'exige point de gros intérêts des déposans, attendu que les autres intéressés s'opposeraient à ce que ceux qu'ils ont élus pour administrer leurs fonds tirassent un grand gain auquel ils n'auraient point de part. On sent bien que si de pareilles affaires se faisaient en grand, il n'y aurait bientôt plus de sûreté dans la Banque, et l'état se trouverait dans une situation très-critique.

Observation.

Les Girobanques observent en quelque sorte la loi des lombards, à l'exception qu'elles ne prêtent jamais sur les marchandises dont le prix est variable, mais seulement sur les métaux précieux , et quelquefois sur le cuivre. La Banque de Hambourg prêtait jadis sur les bijoux et pierres fines, mais cela lui a été défendu depuis long-temps. Il arrive aussi que la Banque ferme son lombard quand elle se trouve obérée d'argent.

V I I I.

Il n'est pas non plus défendu à la Banque de prêter une certaine somme d'argent à l'état, pourvu que celui-ci lui fournisse une caution suffisante. Cette dette peut être considérée comme un vrai capital, en temps que la caisse de la Banque peut faire face aux autres engagemens que les actionnaires auront contractés, et cela sans être obligée d'avoir recours à ses créanciers, et de réaliser avec peine cette même dette ; mais une Banque telle que nous la décrivons, est une caisse qui appartient en partie à tant de propriétaires , qui comptent non seulement sur la sûreté des fonds qu'ils y ont déposés , mais même encore sur le gain qu'ils doivent en retirer par la suite ; qu'elle ne peut consentir à ces emprunts sans avoir la certitude d'une rentrée prompte, avec intérêt. Ceux-ci verront avec plaisir le trésor de la Banque s'agrandir, quoiqu'ils ne retirent aucun bénéfice de ces intérêts ; mais si ces emprunts se faisaient en espèces sonnantes, il est clair qu'ils s'y opposeraient, ne devant point en partager le bénéfice. Pour éviter ces différens et les conséquences funestes qui pourraient en résulter, on est convenu de ne payer qu'en feuilles, et les lingots restent intacts. Si, dans les prêts qu'elle fait à l'état, la Banque, au lieu de se servir des intérêts qu'elle retire de son lombard, entamait le trésor, elle ne pourrait se justifier aux yeux des propriétaires ; elle cesserait dès-lors d'être dans les limites de son institution. Dans aucun cas, la Banque *del Giro* ne doit faire de trop grandes avances au gouvernement. Les malheurs de celle de Venise doivent lui servir de leçon. Le gouvernement de cet état s'empara, pour satisfaire aux frais de la guerre, de son trésor qui pouvait être alors de deux millions de ducati. Les hostilités finies, il n'en rentra pas le tiers à la Banque.

En général, il n'y a point de sûreté pour

une Girobanque dans un état dont le gouvernement peut influer, à son gré, sur l'administration de ses fonds. La monnaie royale
d'Angleterre, qui servait de Banque aux négocians de cette nation, en est la preuve
évidente. Cette caisse allait parfaitement
jusqu'en 1638, qu'il plut à Charles Ier d'y
puiser une somme de 1,200,000 liv. sterl.
Il est pourtant juste de dire que celui-ci dé-
signa un terme très court de remboursement;
mais il n'est pas moins vrai que c'était un
emprunt forcé : au surplus, tout dépend de
l'économie politique du souverain, et de la
confiance qu'il inspire. Les intéressés de la
Banque de Berlin ne craindront rien du
roi de Prusse, qui a d'autres moyens de se
procurer les fonds qui lui sont nécessaires,
que de venir emprunter à leur caisse. La
Banque de Suède ne perdit rien de son crédit au moment même le plus critique pour
l'état, dans la persuasion où l'on était que
le roi n'avait nullement l'intention de toucher à son trésor.

I X.

Il est donc démontré que le crédit d'une

Banque ne repose pas sur l'égale proportion entre les sommes écrites en Banque et les lingots qu'elles représentent, soit que celle-ci prête sur gages, ou qu'elle fasse des achats; elle peut sans doute éprouver des accidens fâcheux, mais jamais de discrédit. Tous les intéressés de la Banque d'Amsterdam retirèrent leurs fonds en 1672, lors de l'invasion des Français dans la Hollande. Ces mesures ne furent pourtant pas prises faute de crédit de la Banque, mais seulement parce que l'on craignait l'arrivée de l'ennemi.

Si la Banque prête sur gage, ou achète des biens qu'on ne peut réaliser en espèces en cas de nécessité, alors elle a besoin de crédit, ou du moins il faut qu'elle fasse en sorte que les propriétaires ne réclament pas tous à la fois au moment où elle se trouve au dépourvu.

Pour que les Banques jouissent d'un bon crédit, il leur faut une administration sage. Comme elles représentent la caisse commune de tous les citoyens d'une ville, ce crédit doit être plus étendu que celui d'un simple négociant; car celui-ci sait, outre ce qu'il doit, le moment où il doit payer. Il est donc à même de faire ses dispositions pour avoir sa caisse pleine en temps dû ; mais la Banque est perpétuellement en état de débet , sans pouvoir fixer le terme de ses paiemens. On voit donc qu'il n'est pas suffisant de faire de simples préparatifs pour rembourser une partie des dettes, tandis que le négociant peut payer en partie ses dettes passives avec des dettes actives. Il peut donner des remises pour les lettres de change qu'il a acceptées; et, s'il se trouve en retard pour le terme , il peut satisfaire ses créanciers en payant les intérêts. La Banque ne peut pas faire usage de pareils expédiens; elle est obligée de payer, sans délai , en argent comptant ; et elle ne peut donner aucune assignation , ni sur les revenus de l'état , ni sur les biens qu'un particulier lui aurait donnés comme hypothèque.

X.

On n'a pas eu grande difficulté à faire adopter l'argent de Banque pour le change, attendu que par sa nature il est destiné à cet usage. Sa valeur intrinsèque ne souffre point de la circulation, elle reste toujours la même ; il ne s'y commet ni erreur ni fraude ; elle n'éprouve aucune altération par le contact : cette monnaie n'est point exposée à être contrefaite. Néanmoins, pour achalander un pareil établissement, il a fallu présenter des avantages et des sûretés aux négocians ; mais, en tout cas, cet établissement ne peut convenir qu'à une place où il se traite de grandes affaires ; il faut que le commerce y soit déjà en pleine activité. C'est vraiment une erreur des gouvernemens de s'imaginer qu'une Banque attire le commerce avec elle : ce n'est que quand le commerce est devenu florissant que l'établissement d'une Banque peut être nécessaire. Si le commerce éprouve déjà des entraves, il ne faut pas se figurer que la Banque suffise pour y porter remède. Le gouvernement ne doit jamais se mêler de l'administration de la Banque ; car, si l'on témoigne trop d'empressement ou de difficulté dans l'inscription des actionnaires, on verra les négocians se retirer ; et on ne pourra, malgré promesses et menaces, empêcher ceux-ci de chercher d'autres expédiens au moyen de l'argent courant, pour faire escompter leurs lettres de change.

(24)

X I.

Le commerce d'un état est périodiquement sujet à des révolutions de plus ou moins de durée. Si le commerce tombe, les affaires de Banque diminuent aussi ; mais, pour que la Banque ne cesse point d'être de quelqu'utilité aux citoyens, elle leur ouvre un lombard, où l'on reçoit des capitaux qu'un particulier prête à un autre. Les citoyens y trouvent un grand avantage, en ce que cet argent reste toujours dans le même état qu'ils l'ont prêté, et n'éprouve aucune altération dans la circulation. Le courant peut changer de valeur, jamais l'argent de Banque ; cela met fin à toute contestation qui pourrait résulter des inconvéniens que la circulation aurait occasionnés. Une de ces conséquences est encore que celui qui desire prêter son argent, peut le faire sans retirer un sou de la Banque. Voilà aussi pourquoi tous les grands emprunts sont spécifiés en argent de Banque.

X I I.

Une Girobanque ne peut pas subsister dans

un état où les revenus et dépenses publiques
font la plus grande partie de la circulation,
et où cette circulation ne se fait point dans
la Banque. L'argent de Banque jouit, sur l'argent courant, d'un certain agio qui l'en dis-
tingue ; mais je me réserve , au chapitre qui
concerne celui-ci , d'entrer dans tous les détails qui y ont rapport. Je dirai simplement
ici que cet agio a deux causes différentes :
l'une , faite à dessein ; l'autre , qui provient
des circonstances. La première a lieu dans la
Banque de Venise et à Nuremberg ; l'autre,
à Amsterdam et à Hambourg , où cet agio
est fixé avec une justesse vraiment surpre-
nante.

Il est certain que, si l'on établissait maintenant une Banque sans agio avec le courant,
on ne tarderait pas bientôt à s'appercevoir
d'une certaine différence dans le cours des
deux argens; car, tandis que l'argent courant
circule, l'argent-banco reste à la Banque toujours dans la même valeur, à moins que le
propriétaire ne l'en retire. Si donc l'argent
courant perd par la circulation , il est clair
que chaque négociant fera la remarque ,
que l'argent déposé en Banque a toujours

conservé sa valeur intrinsèque ; conséquemment il calculera ce que l'argent de Banque
vaut au-dessus de l'argent courant , pour,
de-là , fixer dans ses négociations la proportion qu'ils doivent chacun tenir entre eux.

Ce n'est pas seulement sur l'argent de
Banque que se fait ce calcul , mais aussi pour
toute autre monnaie d'or ou d'argent qu'on
leur offre en paiement. L'or et l'argent sont
une marchandise dont le prix hausse et baisse
selon qu'il y en a plus ou moins dans la circulation ; c'est à quoi sont sujètes les monnaies : voilà pourquoi il n'est pas rare de les
voir au-dessus ou au-dessous de leur valeur
nominale. En général , le négociant fait peu
d'attention au type d'une monnaie ; il ne
reçoit jamais une somme considérable d'argent monnoyé à tel ou tel prix , sans l'avoir
préalablement pesée.

C'est alors qu'une Banque sert de régula-
teur pour déterminer la valeur de toute espèce de monnaies. C'est ainsi que la Banque
de Hambourg a servi à régler le pair de toutes
les monnaies d'or et d'argent , et cela sans
aucune influence étrangère , prenant pour
base la valeur intrinsèque de chaque mon-

naie. La Banque est parvenue de même à statuer sur le cours.

Il est urgent de prévenir les causes qui pourraient détruire une marche aussi sûre, et généralement utile à tous les négocians. Si pourtant la proportion entre l'or et l'argent n'était pas irrévocablement fixée, il n'en résulterait pas un grand embarras au négociant, qui pourra toujours faire son calcul, à moins que le titre ne soit faux. La Banque d'Amsterdam a toujours réglé cette proportion; celle de Londres n'est pas dans le même cas, attendu que c'est une Banque à billets.

X I I I.

La moindre erreur qui aurait pu être commise dans la proportion de l'argent de Banque à l'argent courant, serait aussitôt corrigée qu'apperçue. Comme on a dit ci-dessus, les monnaies peuvent être contrefaites, altérées, et avoir mis le négociant en défaut dans ses calculs : quel moyen prend-on pour y remédier ?

Si quelque monnaie d'un titre faux s'est introduite dans le commerce, et si l'admi-

nistration de la Banque a pris des précautions suffisantes, il ne sera pas difficile d'en
arrêter le cours ; elle sera aussitôt évaluée
et remise à son véritable pair avec l'argent
de Banque, et cela en prenant sa valeur
intrinsèque ; de cette manière, elle ne sera
plus dangereuse au commerce : voilà un des
grands avantages qu'un gouvernement retire de l'établissement d'une Girobanque. Il
peut alors permettre dans l'état la circulation
de toute espèce de monnaies, attendu que
leurs valeurs intrinsèques lui sont connues
au moyen de la Banque. Combien de différentes sortes de monnaies ne voit-on pas circuler dans le commerce à Amsterdam et à
Hambourg ? et pourtant elles n'occasionnent
aucun désordre dans les affaires. Au contraire, dans les autres états où il n'y a point
de Girobanque, et où il se trouve une
grande quantité de monnaies étrangères,
les particuliers ne savent plus régler leurs
comptes, et l'on se trouve enfin obligé de faire
fondre ces espèces pour les convertir en monnaies du pays. La proportion entre l'or et
l'argent se fait par la Banque sans avoir
égard au titre. C'est d'après le plus ou le

moins de demandes d'or ou d'argent dans le commerce, que se fixe le prix courant de ces deux espèces.

X I V.

En général une Girobanque qui, par son institution, a toujours sa caisse ouverte à tous les particuliers, ne peut jamais voir son trésor vuide tant que l'état jouira d'un certain commerce ; car ceux qui conserveront toujours un peu de négoce ne pourront pas se passer d'elle, par les raisons que j'ai détaillées ci-dessus.

CHAPITRE II.

Origine de la Banque de Hambourg.

J'AI déjà dit plus haut que les Banques présentaient généralement des moyens faciles de terminer toute espèce de transactions commerciales, et qu'elles tenaient leur origine de la nécessité où se sont trouvés plusieurs états commerçans d'y avoir recours.

ARTICLE PREMIER.

Depuis la chûte du négoce de l'Italie, la ville de Hambourg, qui, par une situation avantageuse pour le commerce, semble avoir été particulièrement favorisée de la nature, faisait à elle seule une grande partie des affaires du nord. C'est une des trois premières villes de l'Anse, jadis si célèbres, que l'on vit armer des troupes et des flottes pour protéger leur industrie. Combien d'états vinrent rechercher leur alliance! Les villes de Hambourg, de Lubec et de Brême, sont les seuls vestiges qui nous restent de cette ancienne confédération de commerce. C'est encore le commerce qui les soutient, et les tire de cet état d'inertie et d'oubli où sont plongées les autres villes anséatiques, passées depuis longtemps sous des dominations étrangères, et auxquelles il ne reste plus maintenant de leur ancienne splendeur que des débris de palais et de vieux murs en partie écroulés. Le temps, qui détruit toutes les institutions sociales, semble avoir respecté l'existence de ces trois villes dont les ports, sûrs et fréquentés , sont les canaux d'industrie de l'intérieur de l'Allemagne, et, en quelque sorte, de tous les états commerçans. Elles présentent au laboureur et au fabricant les facilités de débiter ses denrées ou ses marchandises. Ces villes sont le seul point par où l'Allemagne peut communiquer avec les états d'outre-mer.

I I.

Leur existence n'importe pas seulement au commerce de l'Allemagne , mais encore à celui des autres puissances. La France y envoie ses vins et quantité de marchandises fabriquées : l'Angleterre y fait un grand commerce , sur-tout en temps de guerre , ainsi que les autres puissances du nord. Ces relations commerciales s'étendent jusqu'en Italie, en Espagne et en Portugal. En un mot, les villes anséatiques peuvent être considérées comme le point central du monde commerçant, sur-tout pendant la guerre.

I I I.

Les gouvernemens, assez peu éclairés en

politique pour vouloir intercepter la naviga-
tion des vaisseaux de ces villes industrieuses,
connaîtraient donc bien mal leurs propres
intérêts. Hambourg, par sa situation géogra-
phique, jouit du même avantage que Londres, Bordeaux, Anvers et Amsterdam
possèdent sur les autres places maritimes de
l'Europe. Son port vaste et sûr est situé sur
une rivière grande, large et profonde, et
précisément au point le plus éloigné de la
mer, où sont forcés de s'arrêter les gros vaisseaux obligés de décharger les cargaisons qui
doivent être transportées par les rivières dans
l'intérieur du pays. C'est aussi le port de Hambourg qui reçoit les denrées, productions et
marchandises que l'on envoie de l'intérieur
à la mer.

I V.

Il n'est donc pas étonnant qu'avec une position aussi favorable pour le commerce, la
ville de Hambourg soit devenue un des premiers marchés de l'Europe. Mais il faut aussi
envisager, d'un autre côté, les moyens auxi-
liaires qu'on a pris pour seconder les avantages que la nature a déjà répartis. Il semble

que toutes les lois, les institutions publiques
et privées, l'éducation, les habitudes et les
mœurs des habitans, tendent toutes au commerce. Ceux-ci ne vivent uniquement que
par lui et pour lui. La constitution de Hambourg, la seule qui puisse convenir parfaitement au commerce, peut aussi servir de
modèle à tous les petits états qui veulent
jouir d'une liberté assise sur des bases solides
et durables.

CHAPITRE III.

De l'Institution des Banques.

COMME dans les temps moyens le commerce devint très-florissant en Italie, on y
chercha les mesures les plus efficaces pour
effectuer les paiemens entre les négocians.
En conséquence, on créa à Gènes, ensuite à
Venise, des établissemens qu'on appelait
Banques, où l'on déposait des fonds que l'on
inscrivait sur un registre général et particulier. Les paiemens s'effectuaient en sous-
trayant la somme due de la feuille du débi-

teur, et l'ajoutant à celle du créditeur (1). La

(1) La Banque de Venise, que l'on appelle vulgaire-ment BANCO DEL GIRO, est proprement un bureau de dépôt public, ou une caisse générale et perpétuelle pour tous les marchands et négocians.

Elle a été établie par un édit solemnel de la répu-blique, qui porte que les paiemens des marchandises en gros et des lettres de change ne pourront se faire qu'en BANCO, c'est-à-dire en argent de Banque, et que tous les débiteurs et créanciers seront obligés, les uns de porter leur argent à la Banque, et les autres de re-cevoir leur paiement en BANCO; de manière que les paiemens se font par un simple transport des uns aux autres : celui qui était créancier sur le livre du BANCO, devient débiteur dès qu'il a cédé sa partie à un autre, lequel est couché pour créancier en sa place : ainsi les parties ne font que changer de nom, sans que pour cela il soit nécessaire de faire aucun paiement réel et effectif.

On ne laisse pourtant pas quelquefois de faire des paiemens effectifs, particulièrement lorsqu'il s'agit du négoce en détail, ou que des étrangers veulent avoir de l'argent comptant pour l'emporter en espèces, ou que quelques particuliers sont bien aises d'avoir leurs fonds en monnaie courante, pour les faire valoir dans le commerce des lettres de change, ou en disposer autrement.

La nécessité qu'il y a quelquefois de faire ces paie-mens effectifs, a donné lieu à l'ouverture d'une caisse de comptant pour ceux qui veulent être réellement payés.

ville d'Amsterdam suivit bientôt l'exemple

On a éprouvé que cette caisse de comptant ne cause aucune diminution sensible dans le fonds du Banco, et qu'au contraire la liberté qu'on a de retirer son argent, quand on veut, l'a plutôt augmenté que diminué.

Par le moyen du Banco, la république, sans gêner la liberté du commerce, et sans payer aucun intérêt, se rend la maîtresse de cinq millions de ducats, à quoi est fixé le fonds de la Banque; ce qui monte à plus de trente millions, monnaie de france; ce qui devint cause, avant l'occupation des troupes de l'empire, qu'elle ne fut point obligée, dans les pressantes nécessités de l'état, d'avoir recours à des impositions extraordinaires : aussi le bon ordre qu'elle aurait dû faire observer dans l'administration de la Banque dont elle était caution, semblait annoncer que celle-ci durerait autant que la république.

Dans la Banque, les écritures se tiennent en livres, sous et deniers de gros. La livre vaut dix ducats de Banque ou deux cent quarante gros, parce que le ducat est composé de vingt-quatre gros.

La monnaie de change s'entend toujours ducat de Banque, qui est imaginaire, cent desquels font cent vingt ducats, monnaie courante: ainsi la différence des ducats courans est de vingt pour cent, étant défendu aux courtiers de traiter à plus haut prix.

La Banque se forme quatre fois l'année; savoir, les 20 mars, 20 juin, 20 septembre et 20 décembre; et elle demeure fermée, chaque fois, l'espace de vingt

de l'Italie en établissant une Banque à laquelle

jours. Pendant ce temps on ne laisse pas de disposer sur place du comptant et des parties de Banco, pour les écrire lors de son ouverture.

Il y a encore d'autres clôtures, telles que celles de huit à dix jours pour le carnaval, autant pour la semaine sainte. On ferme aussi la Banque chaque vendredi de la semaine, quand il n'y a point de fête, et cela pour faire le bilan.

Les lettres de change qui se font pour les places, ou pour les foires, se doivent payer en BANCO. Un vendeur ne peut refuser le paiement de ses marchandises en BANCO, quand il n'y a point de convention contraire.

Les lettres de change, depuis leur échéance, ont six jours de faveur ou de RISPETTO DE BANCO; et, au défaut de paiement, on n'est obligé de faire le protêt que le sixième jour, passé lequel on demeure chargé du risque.

Du moment que la Banque est fermée, on ne peut pas contraindre un débiteur au paiement des lettres de change au comptant ni en autre manière, ni faire le protêt qu'à l'ouverture de la Banque, et suivant la coutume ordinaire, excepté lorsqu'il y a faillite; auquel cas chacun peut faire ses diligences, pourvu que le temps de l'uso soit échu.

Les lettres endossées ne peuvent être payées en BANCO; celui à qui la lettre est payable doit envoyer procuration à son correspondant de Venise, pour recevoir pour lui; autrement, il est nécessaire que la lettre soit payable à son correspondant.

elle donna le nom de *Girobanque* (1). A l'imi-

Les conventions pour marchandises se font en monnaie courante, hors du Banco, excepté l'huile et l'argent vif, desquels on traite toujours en monnaie de
Banco.

(1) Cette Banque fut établie en 1609, à peu près sur
le pied du Banco de Venise : c'est proprement une
caisse perpétuelle pour les négocians; et son fonds est
monté à des sommes prodigieuses qu'on estime 3000
tonnes d'or, évaluées à 100,000 florins la tonne.

Par son établissement, il est ordonné que les paiemens des lettres de change et des marchandises en gros
ne pourront se faire qu'en argent de Banque, à moins
que la somme ne soit au-dessous de 300 florins; et on
ne peut aussi se faire inscrire en Banque pour moins
que cette somme, qu'en payant six stub., soit pour
recevoir, soit pour payer (à la réserve néanmoins des
compagnies des Indes orientales et occidentales, qui
sont exemptes de ce droit); de sorte que tant les débiteurs que les créanciers sont obligés, les uns de
porter leur argent à la Banque, et les autres de le recevoir en Banque.

Les paiemens se font par un simple transport, ou
assignation des uns aux autres; celui qui était créancier
sur les livres de la Banque, devenant débiteur, du
moment qu'il a signé sa partie en faveur d'un autre,
lequel est oouché pour créancier en sa place.

Quoique la Banque d'Amsterdam n'ait point de
caisse ouverte pour le comptant, ainsi que le Banco
de Venise, on ne laisse pas, nonobstant le règlement

tation des Italiens et des Hollandais, les Ham-

de la Banque , de faire quelquefois des paiémens
effectifs , et il y a des caisses particulières, hors de la
Banque , qui font ces paiemens , moyennant un huit
pour cent, c'est-à-dire deux stub. et demi pour cent
florins.

Cette contravention est tolérée à l'égard des négociations qui se font hors de la Banque , c'est-à-dire en
argent comptant ou courant : elle l'est aussi à l'égard
du paiement des lettres de change qui portent expressément qu'elles seront acquittées hors la Banque, c'est-
à-dire en argent comptant ou courant.

La différence qu'il y a de l'achat à la vente est ordinairement d'un seize à un huit pour cent, et l'agio
roule depuis trois jusqu'à six pour cent, quelquefois
plus , d'autres fois moins , suivant la variété du change
ou la rareté de l'espèce.

Lorsque les paiemens se font en ducatons, en rixdaelers , et qu'ils ne se font point en menues espèces,
l'on donne moins pour l'agio, parce que les grosses monnaies sont reçues en Banque.

Pour avoir un compte ouvert en Banque , il faut payer
dix florins une fois seulement.

L'argent que l'on dépose dans la Banque doit être
en ducatons, rixdaelers, et autres semblables espèces.
On y reçoit aussi des lingots d'or , des barres d'argent,
dont le prix se règle suivant leur valeur ; après l'essai
qui en a été fait par l'essayeur de la ville.

Ceux qui ont de l'argent en Banque le peuvent retirer quand bon leur semble , en payant un seizième

bourgeois, reconnaissant l'utilité de sembla-

pour cent pour la garde, ou en disposer par billets ;
et si en le retirant de la Banque, l'agio était au-dessous
de cinq pour cent, le trésorier ferait payer la différence qu'il y aurait, attendu que lorsqu'il a été reçu,
on s'en est chargé sur le pied de cinq pour cent.

Les livres de la Banque se tiennent en florins, stubers,
pennings, gros ou denier de gros.

Quand une personne veut recevoir paiement en Banque d'une lettre de change qui lui a été remise ou cédée,
elle met, un ou deux jours après celui de l'échéance,
au dos de la lettre : « Il vous plaira écrire en Banque sur
mon compte le contenu en la présente. A Ams., ce tel
jour », et signer : et si l'on desire que la lettre de change
soit écrite sur le compte d'un autre auquel on en veut
faire cession, il faut l'endosser d'une autre manière :
« Il vous plaira écrire en Banque, sur le compte d'un
tel, le contenu de l'autre part, valeur reçue de lui. A
Ams., ce tel jour », et signer.

Celui qui ferait écrire en Banque plus qu'il ne lui
serait dû, encourrait l'amende de trois florins pour cent.

La Banque se ferme deux fois l'année ; savoir, en
janvier ou février, en juillet ou août, et demeure fermée
huit, dix ou quinze jours, pendant lesquels on travaille
à faire le bilan.

Elle est close aussi pendant les fêtes de Pâques, l'As-
cension, Noël et les jours de jeûne. Si, pour lors, les
six jours de faveur que l'on a coutume de donner après
l'échéance des lettres viennent à expirer, celui qui en
est porteur est toujours à temps de les faire protester.

bles établissemens , s'empressèrent de créer la Banque sur laquelle nous allons tâcher de donner quelques éclaircissemens.

Nota. On a déjà beaucoup écrit sur la Banque de Hambourg, mais, autant que je sache, il n'existe aucun ouvrage en français qui ait assez éclairci cette matière, pour que le lecteur puisse concevoir une idée juste sur la nature d'une Banque rendue, par sa sage administration , la plus solide de tous les pays commerçans.

CHAPITRE IV.

Etablissement de la Banque de Hambourg.

ARTICLE PREMIER.

Ce fut en 1619 qu'on établit une Banque à Hambourg. Celui qui le premier fonda cet

faute de paiement , le second ou troisième jour après l'ouverture de la Banque.

Lorsqu'il arrive quelque difficulté entre les négocians concernant la Banque , elle est réglée sommairement par des commissaires nommés à cet effet par les magistrats d'Amsterdam.

établissement était un négociant, nommé *Beckmann*, devenu depuis sénateur, et élévé ensuite à la dignité de bourgmestre de la ville. On a cru long-temps que c'était le bourgmestre *Claen* qui en fut le fondateur ; mais c'est une erreur que des recherches exactes ont bientôt détruite : celui-ci a simplement contribué à lever les obstacles qui surviennent ordinairement dans un état, quand on veut y introduire de nouveaux établissemens d'une aussi grande importance. Il n'en est pas moins vrai qu'on ne peut lui contester le mérite d'avoir su avec succès employer l'autorité qui lui était déléguée, pour achever le plan conçu par Beckmann.

I I.

Originairement l'institution de la Banque de Hambourg n'avait pas seulement pour but le moyen de faciliter les paiemens entre les négocians, mais aussi de conserver dans sa valeur primitive, qui est de 540 ases de Hollande, l'écu d'Empire, et de le soustraire à la cupidité de certaines personnes qui, dès ce temps-là, faisaient métier d'altérer la monnaie. Ainsi l'on voit maintenant qu'elle n'avait été établie qu'à l'usage des négocians de Hambourg. On créa celle-ci sur le modèle de celle qui avait été établie à Amsterdam dix ans plutôt.

Les seuls fonds qu'on pouvait déposer dans la Banque consistaient en écus species de bon poids, et non en ducatons comme à Amsterdam, où l'argent courant mis en circulation jouissait d'un certain agio sur l'argent banco. A Hambourg, l'écu species déposé en Banque avait cours ainsi que toute autre espèce de monnaie, mais pourtant très-peu de celles frappées au type Hambourgeois. Les lois fondamentales de la Banque autorisaient les banquiers et négocians à retirer les fonds qu'ils y avaient apportés, soit en total ou en partie, et à les remplacer à leur gré en écus species de bon poids. Ces lois n'ont jamais été rapportées, mais elles n'ont pas toujours été exécutées par des raisons que je détaillerai plus bas.

III.

Une pièce de monnaie quelconque, d'un bon titre et d'un juste poids, qui serait sortie de la Banque pour être mise en circulation, et qui y serait rentrée ensuite selon le gré du propriétaire, éprouverait toujours un certain déchet, quand bien même elle n'aurait éprouvé aucune altération forcée. La Banque d'Amsterdam s'apperçut bientôt de cet inconvénient; et, pour y rémédier, elle prit des mesures qui lui conservèrent intacts les fonds primitivement déposés dans sa caisse. En conséquence les ducatons, qui composaient le fonds originel de la Banque, ne purent en être départis.

Chaque actionnaire fut inscrit en Banque, pour la somme qu'il y avait déposée, et dont on lui tenait compte à sa disposition. Bientôt après, le trésor de la Banque se trouva encore augmenté par differentes sortes de monnaies d'un titre moins fin, que l'on prenait au poids, et du montant desquelles on donnait un récépissé au propriétaire déposant; au moyen de quoi celui-ci pouvait retirer ses fonds quand bon lui semblait. Ces différentes pièces de monnaie étaient renfermées dans de petits sacs, lesquels étaient déposés dans une caisse à part du trésor de la Banque.

On voit bien que ces récépissés n'étaient

pas de même nature que les billets de la Banque de Londres , puisqu'ils ne représentaient que le montant des sacs, et n'avaient de valeur que pour les retirer de la Banque. Aussi les directeurs ne pouvaient en émettre une plus grande quantité que celle que représentaient les sacs.

I V.

Hambourg ne tarda pas long-temps à s'appercevoir des difficultés de conserver l'écu species dans sa valeur intrinsèque primitive. Il fut conséquemment ordonné de peser chaque écu avant de l'accepter et de le déposer dans la Banque. Néanmoins toutes ces précautions furent inutiles, car elles ne purent prévenir l'agio qui se prélevait à l'entrée et à la sortie des espèces. Cet agio était d'un par mille en entrant, et de $1\frac{5}{8}$ en sortant. Il est vrai que cet intérêt disparaissait dans les petites sommes au-dessous de mille écus ; car, s'il eût fallu entrer dans ces petits détails d'agiotage chaque fois que les négocians se faisaient quelques légers remboursemens entre eux , tout le monde se serait récrié , et aurait voulu retirer ses fonds ; et le but des instituteurs se trouvait par conséquent manqué. Mais $\frac{1}{8}$ d'écu ou 30 schillings de plus ou de moins n'apportaient pas de grandes difficultés, et n'étaient point dans le cas de contre-balancer les avantages que l'on pouvait retirer de la Banque. Enfin, pour terminer toute espèce de contestation entre les actionnaires et les administrateurs, il fallut donner une valeur idéale aux fonds déposés dans la Banque. Voilà l'origine de l'écu de Banque ou Banco-thaler.

V.

L'agio de l'argent Banco d'Amsterdam ne doit pas son origine aux mêmes circonstances qui obligèrent la Banque de Hambourg à statuer sur le sien. C'est ici une simple affaire de convention. Les ducatons, mis en circulation lors de l'institution de la Banque, ne furent point reçus au trésor de celle-ci sur le pied de trois florins et trois stubers, comme ils avaient cours dans la place, mais seulement sur celui de trois florins. Néanmoins les ducatons ne perdirent rien de leur valeur, attendu qu'elle ne changea jamais. Un seul ducaton, qui n'était compté en Banque que pour 60 stubers, valait toujours, selon la proportion qui avait été fixée à $60:3 = 100:5,63$ stubers d'argent courant ; conséquemment, la valeur au pair de l'argent de Banque était à cinq pour cent sur l'argent courant.

V I.

Mais il n'en fut pas ainsi de la Banque de Hambourg. Dans le principe, on ne voulut point entendre parler d'agiotage, mais il fallut pourtant à la fin y avoir recours. Nous avons déjà dit que la Banque de Hambourg n'avait été instituée que pour sauver les écus species des mains dépréciatrices dont nous avons déjà parlé. Les intérêts qu'on prélevait sur l'entrée et la sortie de ces fonds étaient le seul moyen d'éviter le déchet des espèces, et de maintenir celles-ci dans leur valeur intrinsèque primitive.

V I I.

Un nouvel établissement de cette nature ne jouit pas ordinairement, dans le principe, d'un très-grand crédit ; car, lorsqu'il s'agit de sa fortune, chacun ne donne son consen-

tement qu'avec crainte à toute espèce d'inno-
vation qu'on voudrait introduire dans la ges-
tion de ses fonds. Comme ces institutions,
par cela seul qu'elles sont nouvelles, n'ont
pas encore eu le temps de donner des preuves
suffisantes d'honnêteté et de justice propres à
leur mériter la confiance des citoyens, il a
fallu présenter de grands avantages pour
compenser cette défaveur. Cependant l'agio
qu'on prélevait à la réception des espèces,
qui, comme je l'ai déjà dit plusieurs fois, était
le moyen de garantir l'écu species de l'altération que sa valeur intrinsèque pouvait souf-
frir dans la circulation, devenait une perte
réelle pour l'actionnaire, et pouvait accu-
muler des contestations et des embarras
interminables dans les comptes rendus en
Banque. Il est impossible de méconnaître
les bonnes intentions des instituteurs de la
Banque; mais ces vues grandes et ingénieuses
ne suffisaient pas pour faire aller les choses.
Dans le principe, le premier écu d'Empire,
que l'on avait choisi pour modèle, contenait
540 ases de Hollande, et c'est à ce titre que
la ville de Hambourg monnoyait alors. Mais,
dans le seizième siècle, l'empereur Léopold

premier , et , depuis, Marie-Thérèse renver-
sèrent le plan des Hambourgeois , en faisant
frapper des écus d'Empire , qui n'avaient
que 516 ases de valeur effective.

L'intérêt d'un pour mille, mentionné ci-
dessus , qu'on prélevait sur l'écu species de
bon poids, ne pouvait donc pas rester le
même à l'égard des nouveaux écus fabriqués
par la maison d'Autriche, qui perdaient
quatre pour cent sur ceux-ci. Ces écus avaient
à-peu-près la même valeur que l'écu idéal de
Banque. Plusieurs s'étaient introduits dans la
Banque, à l'insu des administrateurs : voilà
ce qui avait occasionné tant d'embarras dans
les paiemens. Il résultait de là que tous ceux
qui voulaient retirer leurs fonds de la Banque
étaient obligés de prendre la moitié du remboursement en écus de mauvais poids , c'est-
à-dire de 24 ases de moins que les bons. Pour
dresser ses comptes , et faire une juste répartition , il fallait chercher une moyenne proportionnelle entre l'ancien et le nouvel écu ;
car si , ayant reçu cinquante bons écus et
cinquante de mauvais poids, celui à qui il
en était dû cent voulait les faire fondre, il
est clair qu'après l'opération monétaire, il ne

se trouverait pas cent écus de 540 ases ni
cent écus de 516 ases, mais seulement la
moyenne proportionnelle, qui est 528 ases
pour chaque écu. Voilà de quelle manière
l'écu de Banque obtint une valeur fixe de
528 ases de Hollande, laquelle s'est main-
tenue sans altération jusqu'à nos jours. Cet
écu n'a cependant pas été monnoyé sur le
champ à ce titre. Il ne le fut que par la
suite; mais cette fabrication cessa bientôt,
en sorte que ces écus sont devenus depuis
très-rares. Le peu que l'on en voit aujourd'hui
se conserve comme une curiosité dans les
cabinets de médailles. Quelques années
après, on adopta cette même moyenne
proportionnelle dans la fabrication de l'écu
species du Danemarck et de la Suède, lequel
fut reçu en Banque, et jouissait depuis 1622
de l'agio de 1 pour mille. Ainsi l'on inscrivait 101 écus sur la feuille de celui qui en
avait déposé 1000 en bonnes espèces. En
outre, celui qui en retirait mille de la
Banque, perdait $1\frac{1}{8}$ sur 100. Dans ces deux
cas, le premier se nommait le petit agio,
et le second le grand. On compte encore
à Hambourg sur le pied de l'ancien écu,

dans les ventes de biens fonds, de maisons et dans les grands emprunts. Ainsi, par exemple, celui qui achète une maison, est obligé de payer pour chaque millier de marks, 1001 Mk. et 10 Sch. de Banque. Mais, dans les autres affaires de commerce, il ne s'agit plus d'ancien écu species, et tout se paie en argent de Banque, sans aucune restriction.

De pareilles mesures prouvent évidemment qu'on a voulu établir l'écu de Banque sur un systême invariable. Cela démontre de grandes vues dans ceux qui en ont donné le plan. Mais tout a bientôt changé de face. Aujourd'hui il s'agit d'un autre écu de Banque ; c'est celui dont j'ai déjà parlé. Il contient 528 Ases, c'est-à-dire 3 marcs, ou 48 Schillings de valeur nominale. Conséquemment le Schilling vaut onze ases. Mais comme le marc fin de Cologne (poids d'une demi-livre) contient 4864 Ases, dont on fait 442 Schillings banco, ce poids est donc évalu éà 27 Mk. et 10 Sch. de Banque. Voilà conséquemment la valeur nominale, en Banque, du marc fin calculé au terme moyen de l'écu species. Cette valeur est invariable.

V I I I.

Quand le Danemarck eut monnoyé une grande quantité de species, cet argent avait cours avec celui de la Banque de Hambourg. Mais Frédéric IV de Danemarck ayant changé le titre de cette monnoie, cela suscita des différends entre la ville de Hambourg et le gouvernement de ce royaume. Hambourg, qui faisait frapper sa monnaie courante au titre Lübs, établit alors une Banque spéciale pour l'argent courant, destinée à fixer l'agio de celui-ci sur l'argent de Banque, à 16 pour cent au lieu de 23 qu'il avait été jusqu'à cette époque ; ce qui faisait conséquemment une diminution de 7 pour $\frac{0}{0}$ dans la valeur au-dessus du pair. Celui qui avait besoin de 100 écus argent de Banque, recevait seulement 116 écus en courans ; et celui qui avait envoyé 116 écus courans à la Banque, trouvait 100 écus de Banque portés sur sa feuille. Ensuite on ne voulut plus accepter en Banque l'argent courant Danois, fabriqué sur le nouveau pied de monnaie, et celui-ci perdit conséquemment son cours dans le commerce. Frédéric, outré de cette mesure, prohiba dans ses états la circulation de l'argent frappé au type Hambourgeois, et rompit ainsi tout le commerce que ses sujets faisaient précédemment avec les citoyens de Hambourg. Le sénat porta ses plaintes à la cour de Danemarck ; mais elles n'eurent aucun effet. Le successeur de Frédéric agit comme son prédécesseur, et persista à vouloir que l'argent Danois eût joui du même cours que l'argent courant de Hambourg. Cette ville employa toutes les voies de conciliation ; mais les obstacles devinrent si multipliés en 1736, qu'on fut obligé de fermer la Banque du courant. Cependant, à mesure que le commerce prenait plus ou moins de consistance, le cours de l'argent de Banque éprouvait de temps en temps quelque nouveau changement.

I X.

Après l'émission de l'argent courant Lubs, on fabriqua de nouvelles monnaies en argent et en or, et particulièrement des écus

species de Danèmarck. Cette dernière monnaie vaut maintenant, à son pair, 3 marks
11 Sch. courans, valeur qui change rare-
ment. Le species n'a quelquefois valu que 3
marks et 10 Sch., mais c'est seulement dans
le temps où le Lubs courant était fort recherché. Cependant, quand l'argent courant
a baissé, on l'a vu monter jusqu'à 3 marks
12 Sch. L'argent courant est aussi quelque-
fois tombé à 20 pour $\frac{\circ}{\circ}$ de l'argent de Banque, et même au-dessous. Ce cours deve-
nait favorable à ceux qui retirèrent leurs
species de la Banque. Ceux-ci firent par
conséquent leurs paiemens en courans. Cette
spéculation ne pouvait pourtant réussir,
qu'autant que le prix du marc d'argent,
évalué à 27 Mk. 10 Sch. de Banque, ne
montât à la valeur du marc fin, dont on
faisait 34 Mk. courans, et que le cours ne
fût à 120 ou 118 pour $\frac{\circ}{\circ}$ sur l'argent de
Banque. L'exemple qui suit va rendre la
chose évidente.

Au mois d'octobre 1796, le cours de
l'argent courant Lubs était à 118 sur le
Banco, et l'écu species, de bon poids, valait 3 marks 11 Sch. Si les mêmes circons-

stances eussent existé à cette époque, il est clair que le possesseur de species en Banque eût fait le calcul suivant :

1°. J'ai déposé en Banque, dirait cet actionnaire, neuf species et $\frac{1}{4}$, au titre d'un marc fin, et conséquemment de la valeur de 27 Mk. 10 Sch. de Banque.

2°. 34 Mk. courans de bon poids, valent aussi un marc fin ; mais selon le cours de 118 pour %, leur valeur effective est réduite à 28 Mk. courans et 13 Sch. Il s'agit maintenant de savoir comment s'y prendre pour récupérer ce 1 Mk. et 3 Sch. de Banque de déficit. La solution est toute simple. Il n'y a qu'à retirer les 9 species et $\frac{1}{4}$ de la Banque, puis les échanger à raison de 3 Mk. et 11 Sch. courans pour chacun : je recevrai conséquemment 34 marks et 3 Sch. en argent courant.

On pourrait encore éclaircir la chose davantage au moyen des détails suivans. Supposons que je veuille changer 3400 Mk. courans, contenant 100 marcs fins, contre du Banco, au cours de 118 pour %, ce qui fait justement 2881 Mk. 5 Sch. 6 D. de Banque. En retirant de la Banque cette

somme en species, je me trouve en mains
103 marcs fins et 13 lots. J'ai donc gagné
par cette démarche 4 pour $\frac{o}{o}$. Il était tout
naturel de croire que le prix de l'argent
monterait proportionnellement avec les 34
marcs courans de bon poids, c'est-à-dire,
avec les 28 Mk. 13 Sch. de Banque. Mais
si toutefois la Banque se trouvait pour lors
encore ouverte, on verrait bientôt tous les
autres actionnaires reprendre ainsi leur
argent pour le faire fondre, et en retirer
par 9 species $\frac{1}{4}$, un marc fin de 28 Mk.
13 Sch. de Banque.

Ces variétés de cours ont été cause que
la Banque a souvent refusé de payer en
species. En 1760, l'argent courant monta
à 106 pour $\frac{o}{o}$. Le marc fin valait donc plus
de 33 Mk. de Banque. Comme ceci doit
paraître peu intelligible à certaines personnes qui ne sont pas très au fait de la chose,
je m'explique :

Ce n'était pas le discrédit, mais bien la
faute des administrateurs, qui produisit en
1763 des cours si différens entre l'argent
courant et l'argent Banco.

On sait que la Banque prêtait alors sur

nantissemens comme aujourd'hui. L'or, l'argent et même le cuivre y étaient reçus à 2 pour $\frac{o}{o}$ d'intérêt annuel. On y avait accepté aussi plusieurs monnaies étrangères, mais seulement pour nantissement, et en certaine quantité. Au moyen de cette espèce de Lombard, le cours d'une monnaie, qui dépend toujours du plus ou du moins de circulation, pouvait varier au gré des directeurs ; Car, pour hausser le cours d'une monnaie qui baissait trop, il suffisait de mettre une grande somme en dépôt au Lombard de la Banque, et de ne l'en retirer que lorsque l'intention était absolument remplie, soit par ce moyen, soit par d'autres circonstances qui amélioraient le cours. Si, par exemple, le Frédéric (monnaie d'or de Prusse) venait à tomber à 10 Mk. 4 Sch. Banco, et qu'on en portât par milliers en dépôt à la Banque, l'on en paierait pendant quelques mois les petits intérêts, et on les retirerait aussitôt que le cours redeviendrait favorable aux intéressés.

Le fonds de la Banque consistait alors en écus species d'empire. Ces écus valaient en courant, hors la Banque, 3 Mk. et 10 ou 12 Sch. , et le prix du marc fin était évalué au pair à raison de 27 Mk. et 10 ou 12 Sch. Banco. On ne trouvait par conséquent aucun profit à retirer ses species de la Banque pour les faire fondre.

Ce qui occasionna les emprunts sur nantissemens fut donc la hausse du cours des species hors la Banque, ou, ce qui est la même chose, la baisse de l'argent Banco. C'est ainsi qu'on a vu le cours de l'argent courant monter à 106 sur l'argent de Banque, par conséquent à 7 au-dessus du pair. Ainsi le but principal était donc manqué, puisque le Lombard de la Banque n'avait été institué que pour venir au secours de ceux qui se trouvant dans l'embarras pour leurs paiemens, auraient desiré obtenir une feuille en Banque, en y déposant des effets de métal précieux, et non pas de l'argent monnoyé. Mais jamais il n'entra dans l'esprit des instituteurs de la Banque, que ceux-ci sauraient profiter de ces avantages pour semer le désordre dans l'administration. Cependant, si les administrateurs de la Banque n'avaient su y porter promptement du remède, ces funestes conséquen-

ces eussent été permanentes, et la loi fon-
damentale, qui obligeait de payer tout ce
qui était porté sur chaque feuille de Banque, eût été soumise à la variété du cours
de l'argent courant. La faute vint pourtant
des premiers administrateurs, qui, avec les
meilleures intentions du monde, l'ont commise sans en avoir prévu les suites dange-
reuses.

X.

Toutes les Banques dites *del Giro*, ont
pris dans le principe, pour faire leur fonds,
une seule espèce de monnaie. La Banque
d'Amsterdam a choisi le ducaton; celle de
Hambourg l'écu d'empire de bon poids,
qu'elle a conservé jusqu'en 1770. Cependant
le nombre de ces écus devenait rare de
jour en jour, et celui qui desirait augmenter ses fonds en Banque, était fort embar-
rassé pour s'en procurer. Il lui était infini-
ment plus aisé de trouver des lingots d'or
ou d'argent, et autres métaux précieux
d'une valeur fixe. Mais en les mettant en
gage à la Banque, il perdait alors par le
fait $\frac{1}{6}$ pour % par mois d'intérêt, ce qui

ne lui serait pas arrivé, s'il avait pu se conformer au règlement de la Banque originairement établi.

Il est tout naturel de penser que, dans une Banque jouissant déjà d'un grand crédit, il se trouve parmi le nombre des actionnaires plusieurs qui, entreprenant de grandes affaires de change, cherchent à y augmenter leurs fonds par de nouveaux gages. Cette facilité d'agrandir le trésor de la Banque aura sans doute séduit les administrateurs qui, sans y trop faire attention, auront accepté de ces gages plus que ne le comportaient leurs caisses. Il faut avouer aussi qu'il était bien difficile de fixer le point où ils devaient s'arrêter, et faire fermer le Lombard de la Banque. Toutefois cependant est-il juste de dire qu'au lieu de courir une chance aussi peu sûre, ils devaient préférer de ne pas trop s'avancer. Le règlement de la Banque de Hambourg dit positivement que *la Banque ne doit prêter sur gage, que lorsqu'elle se trouve avoir beaucoup de fonds devant elle.* Cet article du règlement soumet le cas au jugement des directeurs, qui peut-être ne

savent pas juger eux-mêmes des avances
convenables , c'est-à-dire , le moment où il
se trouve assez d'écus en Banque pour pouvoir satisfaire à tous les paiemens.

L'histoire de la Banque de Hambourg
nous montre que cette marche, qu'on a
suivie long-temps , et qui peut être est bonne
en elle-même , a , par un abus inconnu
jusqu'en 1750 , causé les plus grands désordres. Jusqu'à cette époque, il ne fut jamais question de fermer la Banque , et malgré la grande quantité de gages que celle-ci
avait reçus , elle n'éprouva aucun embarras
dans ses paiemens , c'est-à-dire , que son
trésor était suffisamment pourvu d'écus d'empire , comme le comportait la loi de fondation. Il ne faut pourtant pas déguiser
qu'en 1672 , 1673 et 1734 on voulut essayer
d'éluder ces principes ; mais les intéressés
y mirent bientôt opposition , et la Banque
resta ouverte.

La guerre de sept ans , tout en gênant
le commerce , agrandissait cependant le
cercle des affaires des négocians de Hambourg. Mais la fin de cette guerre nous fit
voir que cela ne rendit pas tout gain. Le

Grand Frédéric , et plusieurs autres souve-
rains , accaparèrent tout l'argent qu'ils purent trouver à Hambourg , pour fabriquer les
plus mauvaises monnaies qu'on eût vues
jusqu'alors ; ensorte que les négocians se
trouvèrent dans le plus grand embarras.
Chacun , pour faire honneur à ses engagemens , fut contraint d'avoir recours aux viremens de change , et de mettre en gage à
la Banque tous les métaux précieux qu'il
pouvait se procurer, et qu'on y recevait.

Dans de pareilles conjonctures , il était
impossible à la Banque de ne pas s'écarter
de la loi de fondation. Comment aurait-elle
pu en effet payer en species les sommes
qui n'étaient portées sur ses livres que comme
de simples gages.

Le cours d'alors, que je donne ici pour
exemple , démontre déjà assez clairement
l'embarras où se trouvait à cette époque la
Banque de Hambourg.

Noms des Places.	Argent Banco.	Pair.
Amsterdam	$30\frac{1}{3}$	$33\frac{1}{4}$
Bordeaux } Paris	$28\frac{3}{8}$	$25\frac{1}{3}$
Londres	37 Sch. vl.	35
Cadix	102	96
Lisbonne	$49\frac{1}{4}$	42

Ce cours est une preuve évidente qu'il était impossible aux Hambourgeois, ainsi qu'aux étrangers, de calculer juste sur le titre de l'argent. Car nous avons vu, en 1736, le marc fin valoir 27 marcs 12 Sch. de Banque, puis ensuite, en 1755, monter subitement à 32 Mk. et 4 Sch. Tout cela produisit un désordre affreux dans toutes les branches de commerce.

Ceci provenait pourtant de la faute des directeurs de la Banque ; non pas que ceux-ci aient transgressé les lois de fondation, je suis loin de le penser ; mais ils avaient reçu une trop grande quantité de gages au Lombard. On a fermé mal-à-propos la Banque en 1750 ; et lorsqu'on vit les mauvaises conséquences qui en résultèrent, on ne prit pas des moyens suffisans pour les faire cesser. Voilà la source du mal. Si les directeurs avaient eu l'esprit de hausser le prix du marc fin d'argent, comme le fit la Banque d'Amsterdam en 1790, ils auraient certainement relevé le cours de l'argent Banco. Mais cela ne leur vint jamais dans l'idée.

Malgré l'inconduite des directeurs, les affaires n'en allèrent pas moins leur train.

On s'accoutuma à la variété du cours, et
le commerce se soutenait au milieu de ces
fluctuations. On regagnait par les traites ce
que l'on perdait pas les remises.

Enfin on prit des mesures pour remettre
l'équilibre entre l'argent Banco et le Courant. On r'ouvrit la caisse de la Banque,
et l'on ferma le Lombard. Mais pour ac-
célérer les recouvremens, on obligea tous les
déposans à reprendre leurs gages dans l'espace de six mois, et à remettre l'argent
qui leur avait été prêté. Cette mesure fut
prise en 1759 ; et dès 1760, la Banque pré-
sentait une excellente attitude ; et le cours,
par une conséquence naturelle, avait repris
son pair comme de coutume.

CHAPITRE V.

Evaluation des monnaies de Banque.

PENDANT cet état des choses, plusieurs
gens vraiment éclairés dans le commerce,
et vivement affectés d'une crise aussi vio-
lente pour la Banque de Hambourg, senti-

rent quels étaient les moyens de prévenir les suites funestes qui la menaçaient, et conçurent le courageux dessein de manifester hautement leur opinion. Ce fut ainsi que celle-ci vit renaître son crédit. C'est à Nicolas Gottlieb Lutkens, devenu dans la suite membre du Sénat, que nous sommes redevables de la nouvelle organisation de la Banque. C'est lui qui sut asservir ses concitoyens à des règles uniformes qui sont devenues depuis des lois fondamentales, et qui existeront comme telles tant que la direction conservera la bonne foi et la prudence qu'elle a manifestées jusqu'à présent.

L'essentiel de cette loi d'urgence est que le fonds de la Banque ne doit plus être composé d'aucune monnaie quelconque, mais seulement de lingots d'argent au titre de 15 lots (*) et 12 grains. L'alliage se trouve conséquemment réduit à $\frac{1}{48}$. Par l'épuration qui se fait de chaque lingot, la Banque peut être sûre que l'argent qu'elle reçoit a le fin requis; car, dans une semblable opération, il est de la nature du mé-

______

(*) 1 lot $= \frac{1}{2}$ once.

tal de déposer son alliage à la surface de la chaudière où on l'épure ; en sorte qu'il ne reste que le plus pur de l'argent au centre du lingot ; et comme ce n'est qu'à l'extérieur de ce même lingot que se prend la preuve de son degré de fin, on sent donc bien que dans aucun cas la Banque ne peut perdre au change.

Chaque lingot n'est pesé qu'après avoir subi cette épreuve. S'il a le fin réquis, il est reçu à la banque, et l'on crédite la feuille de celui qui l'y dépose, à raison de 27 Mk. 10 Sch. Banco par chaque marc fin qu'il contient. Si le lingot pèse 48 marcs fins, il est accepté sur le pied de 47, et l'on crédite la feuille du déposant de Bco. Mk. 1298 6 Sch. Voilà de quelle manière on est parvenu à fixer invariablement la valeur de l'écu de Banque. Comme 27 Mk. 10 Sch. Bco. font 442 Sch., on peut toujours évaluer l'écu de Banque en prenant la fraction $\frac{24}{221}$ d'un marc fin. Si l'on demande à présent combien vaut le Schilling de Banque, il faut répondre la fraction $\frac{1}{442}$ d'un marc fin. Un mark de Banque ou 16 Schillings, sont par conséquent le $\frac{15}{442}$ d'un marc fin : puis en réduisant le nominateur et le dénominateur de cette fraction , on aura de même $\frac{8}{221}$ d'un marc fin, ce qui est la valeur du mark de Banque , réduite à sa plus simple expression. Maintenant puisque le marc de Cologne contient 4864 ases d'argent fin , il est clair que $\frac{24}{221}$ de marc donneront 528 Ases et $\frac{22}{100}$. Voilà la valeur invariable de l'Ecu de Banque de Hambourg, qui n'est point assujettie à l'instabilité du cours des monnaies d'or ou d'argent , ni exposée aux criminels artifices des faux-monnoyeurs ou des mains dépréciatrices. Il est vrai que cet Ecu n'est point une monnaie réelle ; mais il n'en est pas moins vrai qu'on ne doit point le classer parmi les monnaies idéales , qui n'ont cours que dans les comptes. En effet, celui qui douterait de sa valeur effective n'a qu'à couper d'un lingot d'argent au degré fin requis , 528 Ases et $\frac{22}{100}$; fondre ensuite cette masse d'argent ; puis le faire frapper au coin de Hambourg, et il pourra être convaincu qu'il a un véritable Ecu de Banque de valeur réelle. Mais on ne pourra jamais de même effectuer la valeur monétaire d'un Pezos d'Otto de Gènes , de Livourne , ni même d'une Livre Sterling d'Angleterre.

Après avoir suffisamment expliqué l'entrée et la dispositon des fonds en Banque,
je vais tâcher de démontrer de qu'elle manière on doit s'y prendre pour les en retirer.

CHAPITRE VI.

De la manière de retirer les fonds de la Banque.

Nous avons déjà vu que celui qui déposait
de l'argent dans la Banque, recevait sur sa
feuille 27 Mk. et 10 Sch. Bco. par chaque
marc fin. On devoit conséquemment croire
qu'en retirant les fonds de la Banque, celui-
ci serait remboursé sur le même pied. Mais
il n'en est pourtant pas ainsi. Le marc d'argent fin, en sortant de la Banque, est évalué à 27 Mk. 12 Sch. Bco. ou 444 Sch. Bco.
Cela paraîtra au premier coup d'œil une
injustice criante, comme si l'on voulait
compter le mark de Banque à $\frac{8}{222}$ ou $\frac{4}{111}$.
Mais la chose ne doit pas être envisagée
de cette manière ; je m'explique.

1º La Banque retient au propriétaire

2 Sch. par chaque marc fin d'argent, sans que pour cela la valeur intrinsèque des lingots ait subi la moindre altération.

2° Ces masses d'argent peuvent rentrer dans la Banque, et rouler encore une fois sur cent feuilles différentes, sans être sujettes au plus petit déchet. En effet, un marc d'argent fin reçu à la Banque sur le pied de 442 Sch., et rendu au propriétaire à raison de 444 Sch., n'a pas changé de nature. C'est comme si l'on disait qu'une livre de café achetée 12 Sch., et vendue 14, est toujours en indentité une livre de café. On ne peut donc trouver la valeur du mark de Banque, qu'en établissant sa proportion avec le marc d'argent fin reçu à la Banque.

Le propriétaire qui retire son argent de la Banque, perd donc effectivement 2 Sch. par chaque marc fin. Mais s'il voulait l'y laisser, fussent même cent ans, il n'y perdrait pas une obole. L'argent qui reste en Banque, ne perd rien de sa valeur, ce n'est seulement que lorsqu'on l'en retire. Deux Schillings, qui font $\frac{4}{2}$, c'est-à-dire, un peu moins de $\frac{1}{2}$ pour cent, ne sont pas une perte qui puisse être mises en balance avec les avantages inappréciables qu'offre la Banque. Ceux-ci se présentent à chaque moment. C'est, comme je l'ai souvent dit, la facilité avec laquelle on peut effectuer toute espèce de paiemens d'un seul trait de plume ; l'épargne des frais de transport des espèces ; le moyen d'éviter les erreurs qui pour l'ordinaire se commettent si souvent dans le compte de celles-ci; et finalement la sûreté de ses fonds. Mais à la perte mentionnée plus haut, vient se joindre une autre plus considérable, si l'argent qu'on veut déposer en Banque n'a point le degré de fin requis, c'est-à-dire, 15 Lots 12 grains. Il faut alors que l'argent passe à l'épuration, ce qui cause une perte de 1 ou $1\frac{1}{4}$ pour cent. Cette épreuve n'a lieu qu'une seule fois; c'est lorsqu'on dépose l'argent dans la Banque. Mais si en le retirant , on voulait en faire des lingots d'un titre moins fin , on éprouverait alors un surcroît de perte de $\frac{4}{9}$. On voit par-là que les actionnaires ne se soucient pas de retirer les fonds qu'ils ont déposés en Banque, à moins que des circonstances extraordinaires ne leur présentent un bénéfice bien assuré à le faire. Cependant il vaudrait peut-être mieux que la Banque n'exigeât pas un degré de fin aussi haut dans les lingots que l'on vient déposer chez elle. Il serait sans doute plus convenable de le fixer à 12 Lots , qui est le titre auquel les monnaies courantes de Hambourg sont fabriquées. Alors , en retirant l'argent de la Banque, on ne perderait qu'un Schilling au lieu de deux. Car si la Banque fabrique des espèces au titre de 12 Lots , elle est obligée, comme elle n'a d'argent qu'à celui de 15, d'y mettre un alliage qui , joint aux frais de la fabrication , lui cause une perte de 1 pour cent.

Cependant, en adoptant une semblable mesure , et en continuant l'application des mêmes principes de chimie , qu'elle pratique de nos jours dans l'épreuve des espèces , la Banque ne peut manquer de se trouver toujours à couvert à l'égard de ses paiemens.

La Banque présente de grands avantages aux négocians , en acceptant les Piastres à raison de 27 Mk. et 6 Sch. Bco. le marc fin , et en les leur rendant sur le pied de 27 Mk. et 7 Sch. Voici dans cette marche quel procédé l'on suit. Celui qui apporte

des Piastres à la Banque , reçoit une re-
connaissance par écrit , qu'il peut donner
en paiement à toute autre personne , comme il est pratiqué à Amsterdam. Le Schilling que l'on retient , est pour l'intérêt de 3
mois , au bout desquels le propriétaire du
récépissé doit reprendre ses Piastres , ou
renouveller cette pièce. Ces Piastres , dont
l'intérêt rapporte par an $\frac{8}{9}$, ou plus exactement $\frac{19}{100}$ pour cent , sont de vrais gages. Ce
sont aussi les seules espèces d'argent que
la Banque reçoit comme tels. Il est cependant des circonstances où elle se trouve
forcée d'en acheter. L'or n'est jamais reçu
en gage à la Banque. On n'en achette que
la quantité nécessaire à la fabrication des
Ducats Hambourgeois et des Portugaleuses.
Le cuivre y est pourtant reçu à 2 pour cent
d'intérêt par an. Mais on n'en prend qu'à
mesure que les circonstances l'exigent , et
jamais en trop grande quantité , afin de
n'être pas obligé d'augmenter l'argent de
Banque. Le contrat qui fait foi que le
cuivre a été accepté et déposé dans la Banque , doit être également renouvellé au
bout de 3 mois , et l'on est tenu de payer

annuellement 8 Sch. par Schiffspfund, c'est
à dire , 280 , pour le magasinage. Comme le prix du cuivre est variable , on n'a-
vance jamais que moitié de sa valeur. Si
une Schiffspfund de cuivre vaut, par exemple , 180 Mk. et 6 Sch. Bco., on n'avancera
sur gage que 100 Mk. et 6 Sch. Pour le cuivre Norwège , qui est réputé le meilleur ,
on avancerait tout au plus 108 Mk. et 6
Sch. Bco.

Le Lombard de la Banque , quoique très
limité d'ailleurs , ne prend que les articles
ci-dessus mentionnés ; et si la Banque veut
s'y borner, comme il est à présumer qu'elle
le fera, elle n'éprouvera plus à l'avenir l'embarras dans lequel elle s'est trouvée en 1758.
Au reste , instruits par le malheur , les administrateurs on su depuis adopter de meil-
leurs principes ; et les actionnaires peuvent
compter que l'argent de Banque se main-
tiendra dans une valeur stable , et qu'ils ne
seront plus exposés à ces vicissitudes funestes , dont ils ont été si souvent les victimes.

On lit dans plusieurs ouvrages qui ont
traité sur la Banque de Hambourg, un certain Réglement de Lombard , selon lequel

on prête à 6 pr. $\frac{0}{8}$ par an , sur d'autres articles que ceux mentionnés ci-dessus. Je ne crois pas faire ici une observation inutile en remarquant au Lecteur que ce Lombard ne concerne en rien la Banque ; qu'il n'est institué que pour le compte de la ville , et n'a absolument rien de commun avec l'établissement dont il est ici question.

CHAPITRE VII.

De la fabrication des monnaies.

Il n'est pas toujours avantageux à la Banque de battre monnaie. Ce n'est que la hausse du cours de l'argent courant sur celui de Banque , qui peut l'y déterminer. Le pair de l'argent courant avec l'argent de Banque est , comme nous l'avons déjà dit , $123\frac{1}{13}$: 100.

La plus grosse pièce de monnoie que l'on frappe à Hambourg , vaut 2 Mk. ; la plus petite , appellée Dreiling , $\frac{1}{4}$ de Schilling. Ces sortes de monnaies conservent toujours vis-à-vis l'argent de Banque la même pro-

portion, quoiqu'il y entre de l'alliage , sur-
tout dans celles de moindre valeur. Celles-
ci , en raison de leur petitesse , exigent plus
de main - d'œuvres que les premières , et
occasionnent par conséquent plus de frais
qu'elles. Il y entre aussi plus de cuivre , et
voilà pourquoi on monnoie avec un marc
d'argent fin, 36 Mk. en Schillings , et 38 Mk.
en $\frac{1}{2}$ Schillings. Toutes les monnaies sont
fabriquées selon la convention conclue en
1694, entre le Roi de Danemarck et les villes
de Lubec et de Hambourg. On voulut , en
1725, essayer, comme je l'ai déjà dit , d'é-
tablir une Banque de courant , au moyen
de laquelle on espérait gagner 7 pour cent.
Le projet était de fixer le cours de l'argent
courant sur celui de Banque , à 16 pour
cent au lieu de 23. Le Roi de Danemarck
en témoigna son juste mécontentement , et
il eut raison ; car les Hambourgeois voulaient frustrer l'argent Danois du même bénéfice. Les contestations qui survinrent à
cette occasion , finirent par dissoudre la
Banque de courant.

Depuis cette époque, dans la fabrication
des monnaies , on a uniquement suivi le

cours de l'argent courant sur celui de Banque. Il a fallu ensuite voir si le cours de la monnaie courante montait assez, pour que l'on pût se couvrir des frais de monnoyage, par l'agio dont jouissait celle-ci sur l'argent de Banque. C'est ce qui arriva en 1760, que le cours de l'argent courant monta à 106 pr. $\frac{0}{0}$ sur celui de Banque. De pareilles circonstances sont alors favorables pour monnoyer, si toute-fois le haut prix de l'argent ne provient pas d'événemens extraordinaires, qu'on n'a pu prévoir.

En 1788, le Roi de Danemarck cessa de faire monnoyer dans ses Etats sur le pied Lubs, et prit celui de Species. Hambourg l'abandonna aussi après avoir éprouvé, en 1725, les plus grands obstacles à cette occasion. Plusieurs manufacturiers demandèrent qu'on le remplaçât par de petites monnaies, où il entrerait beaucoup d'alliage. Mais il s'éleva bientôt un autre parti parmi les négocians qui exigèrent et obtinrent qu'on ne monnoyât que sur un bon titre ; en conséquence, on adopta celui-ci de nouveau. Il fallut donc renoncer à l'alliage qu'on aurait dû gagner sur l'argent de Banque qu'on fit fabriquer alors. Cependant j'espère qu'un cas semblable ne se représentera plus à l'avenir.

Trois ans plus tard, on fut obligé de fabriquer de nouvelles monnaies, mais par des circonstances toutes différentes de celle-ci ; les voici :

Au commencement de la révolution Française, on craignit la famine en France. La guerre, et vraisemblablement le desir d'entretenir le peuple dans l'enthousiasme révolutionnaire, nécessitèrent toutes les précautions imaginables pour faire arriver jusqu'aux ports français, qui correspondaient avec l'étranger, les vivres que l'on attendait avec tant d'empressement dans la capitale. En conséquence, la convention nationale donna à des négocians de Hambourg et des autres villes anséatiques l'ordre d'acheter des grains. On sait que le petit territoire Hambourgeois en produit très-peu en comparaison de sa grande population. Les négocians chargés de ces commissions, furent donc obligés de faire leurs achats dans les Duchés de Holstein, de Schleswig et de Brunswick. Tous ces débours se faisaient en

argent courant, en sorte que le cours monta
bientôt à 116 ½ pour cent. Les remboursemens, au contraire, étaient en argent de
France, lequel fut fondu, épuré et déposé
en lingots dans la Banque. L'argent courant
répandu dans les pays où l'on avait acheté
les grains, devint conséquemment très-rare
à Hambourg. Vu le besoin urgent qu'on en
avait, et profitant d'un cours aussi favorable, on ne tarda pas à faire monnoyer,
car c'était là le seul moyen d'éviter le cas
où l'argent courant se trouverait au pair avec
l'argent de Banque, comme il arriva en
1762. On monnoya donc deux millions d'E-
cus en courant, ce qui fit tomber le cours à
18 et 19. Les frais de monnoyage déduits,
il en résulta un bénéfice de 4 pour cent.
Si maintenant l'on considère le cours actuel
près du pair, on peut en conclure que l'argent courant n'est pas rare. Il est par conséquent impossible d'en faire une nouvelle
émission, sans se voir exposé à perdre non
seulement les frais de fabrication, mais même encore à forcer le cours de l'argent
courant de baisser considérablement sur
celui de Banque.

Dans de semblables circonstances, la Banque ne doit pas spéculer comme autrefois sur le prix de l'argent. La valeur de celui-ci est maintenant aussi stable que celle de l'argent de Banque. La Banque n'achette donc pas d'argent pour monnoyer, mais elle le prend chez elle.

Nous verrons sans doute beaucoup de personnes nous demander comment la Banque peut disposer de son trésor. Je réponds à cela que, quand un actionnaire a déposé un lingot d'argent de cent marcs fins à raison desquels sa feuille a été créditée de 2762 Mk. 8 Sch. Bco., la Banque monnoie avec cet argent 3400 Mk. en courant, et lui escompte, ou à son préposé, ces espèces selon l'intérêt fixé en Bourse. Supposons maintenant que le cours de l'argent courant sur le Banco, soit à 118 pr. $\frac{o}{o}$, il est clair que les 3400 Mk. courans vont faire alors 2881 Mk. 6 Sch. Bco., que lui ou son changeur fera inscrire sur sa feuille de Banque. Il y aura donc en effet 119 Mk. et 4 Sch. Bco. de plus portés sur la feuille d'un des deux, et celle-ci représentera par conséquent une plus grande quantité d'argent , que le lingot déposé n'en contenait précédemment. D'après cela, celui qui envisage sainement la chose , verra bien que l'actionnaire ne doit avoir aucun sujet de crainte sur l'argent qu'il a déposé en Banque , puisqu'il peut, quand bon lui semble , réaliser en courant les fonds inscrits sur sa feuille. Il ne courra donc aucun danger , quand bien même on aurait employé son lingot à la fabrication des monnaies.

Si le trésor de la Banque se trouve ainsi diminué de 100 marcs fins de lingots, il est clair que ceux qui ont des capitaux en Banque , sont d'autant moins en droit d'exiger cet argent, que celle-ci le leur a déjà compté en courant. Or [dans tous les cas , ou cet argent se trouve déposé en Banque , ou la Banque l'a escompté en courant ; donc il ne peut exister aucun déficit, conséquemment la Banque se trouvera toujours dans le cas de payer.

Mais , dira-t-on , la Banque pourrait donc convertir tout son argent en courant , quand elle y trouverait du profit ?

Pour n'être pas obligé de me répéter , je

me bornerai à dire ici qu'il existe à cet égard une juste proportion de laquelle on ne peut s'écarter ; car il serait aussi imprudent de battre monnaie en trop grande quantité sans nécessité , que de n'en point battre du tout , quand il n'y en a pas assez en circulation. En général trop d'argent courant avec peu d'argent de Banque est aussi nuisible , que trop d'argent de Banque avec peu d'argent courant. En effet , si l'on faisait une trop grande émission d'argent courant, il est clair qu'avec l'agio , son cours dépasserait le pair qu'il doit conserver avec l'argent de Banque ; *et vice versâ* dans le cas contraire.

Jamais la ville de Hambourg n'eut de Banque à billets , et en aucune époque que je sache , il ne fut question d'en établir. La Banque de courant instituée en 1725, qui n'était , comme je l'ai déjà dit , ni une Banque à billets , ni une Girobanque , mais seulement annexée à celle-ci comme une caisse destinée à recevoir la nouvelle monnaie courante fabriquée à cette époque , payait 116 marks courans à celui qui vou-

lait avoir cent marks de Banque, de sorte
qu'elle gagnait par-là 7 pour cent.

Il est vraiment singulier de voir combien les Directeurs ont changé de fois de
principes à cet égard. On voulait alors donner
à l'argent courant une valeur nominale beaucoup au dessus de son titre. Néanmoins,
je ne puis m'empêcher de dire que faute
de moyens suffisans, ils ne purent atteindre
ce but en lui-même nuisible à tous.

La monnaie de Hambourg est en elle même
trop petite, pour que l'on puisse en fabriquer
une grande quantité en très-peu de temps.
Mais depuis que la Banque du courant
n'existe plus, le besoin de battre monnaie
n'est pas toutefois si grand, qu'on ne puisse avoir le temps d'en fabriquer assez pour
entretenir une circulation convenable de
courant. Il n'y a maintenant que le cours,
qui puisse indiquer s'il est avantageux ou
non de battre monnaie.

Les Directeurs ont changé tout-à-fait de
principes depuis 1760. On n'a plus fait tant
d'attention au cours de l'argent courant, ni
à celui de l'argent de Banque. L'expérience
ensuite nous a démontré qu'on a fort bien

fait. On n'a pas dû pourtant perdre de vue
l'argent courant quelque tems après , au moment où , voulant introduire les Ducats Danois en circulation , la proportion entre l'or
et l'argent se trouvait tout-à-coup détruite.
Ce fut en vain que l'on conseilla de négli-
ger l'un pour porter toute son attention vers
l'autre. Ce fut même une erreur de croire
qu'en fondant l'argent courant, on retirerait
un bénéfice sur le titre de l'argent. Personne maintenant ne se tromperait dans un
semblable calcul. Depuis 1788 , la Banque
de Hambourg ne s'est plus trouvée obligée
de faire battre une aussi grande quantité
de monnaies qu'auparavant , excepté en
1789, 90, 91 , 92 et 93 qu'elle y fut forcée
par les circonstances extraordinaires que
nous avons déjà décrites.

En faisant ces réflexions , et se rappel-
lant les démarches infructueuses de la cour
de Danemarck , il est facile de concevoir
qu'une Banque à billets ne peut jamais présenter d'utilité au commerce de Hambourg.
Cependant le plan de monnoyer sur le pied
de monnaie species avait prévalu , et en conséquence il fut établi une Banque à billets à

Altona. Celle-ci a vraiment rendu de grands services dès 1789 , tandis que l'argent courant ne suffisait pas à alimenter cette multitude d'affaires qu'on a vu depuis se succéder avec la plus grande rapidité , surtout au moment où les anciens Écus Danois furent retirés de circulation. Les billets de Banque de Copenhague disparurent à cette même époque, et le commerce se serait bientôt apperçu de leur absence , si ceux d'Altona n'étaient pas venus y suppléer.

Dans le principe , on s'arrachait ces billets en quelque sorte avec fureur , et ils ont depuis continué à jouir d'un assez grand crédit pour aller de pair avec l'argent courant. Cependant au mois d'octobre 1799, on ne resta point sans inquiétude au sujet de cette Banque. Le bruit que l'on répandit sur son embarras , n'était pas non plus sans fondement. Mais depuis qu'on y a porté du remède de Copenhague , il n'y a plus raison de craindre sur son compte; et ses billets jouissent toujours de la même faveur qu'auparavant, soit à Altona , soit dans le Holstein et dans tous les autres pays adjacents. La confiance que cette Banque inspirait était si grande, qu'on a vu ces billets obtenir en certain agio sur les Ecus species. En effet celle-ci s'est trouvée dans une position aussi florissante que celle de Vienne, qui vit quelques années avant la guerre, ses billets préférés à l'argent comptant. La France a éprouvé la même chose du temps des billets de la caisse de Law. Il ne faut pourtant pas en conclure que ces résultats semblables furent produits par les mêmes causes ; car le Régent jouait alors avec la monnaie, au lieu que les notes de Banque jouissaient de la valeur qu'on assignait à la monnaie, lorsque les billets furent émis.

Il est vrai, et l'expérience nous a déjà démontré, que la quantité d'argent qui était en circulation, il y quelques années, ne suffisait pas pour faire face aux grandes affaires qu'on avait entreprises. Il aurait donc été naturel de penser qu'on eût dû créer des billets de Banque, qui auraient pu compenser l'argent dont on avait besoin. Mais quand on réfléchit que ces papiers ne pourraient présenter qu'une utilité de circonstance, on ne saurait trop prendre de précautions à cet égard. D'ailleurs il faut considérer que puisque la Banque jouit maintenant du plus grand crédit, il serait inutile, peut-être même dangereux de lui donner une rivale qui pourrait obtenir un agio sur elle. En outre, une Banque appuyée sur des bases aussi solides que celle de Hambourg, est déjà plus que suffisante pour une aussi petite République; et malgré toutes les embuches que Messieurs les actionnaires lui tendent de temps en temps, sans cependant en retirer de grands profits pour eux-mêmes, il faut dire avec justice, que cet Etablissement jouit d'un assez grand crédit pour se soutenir par lui même, et faire fleurir le commerce, sans qu'il soit besoin de lui donner un second.

CHAPITRE VIII.

De l'argent courant de Hambourg.

IL existe à Hambourg depuis 1726 des pièces de monnaie de deux marks, d'un mark, de 4, de 2 Schillings. (voyez plus haut.) Le mark d'argent fin de Cologne est porté à 34 Mk. ou 11 Ecus et $\frac{1}{3}$.

Des espéces d'argent.

12 ¾ piéc. de deux mks. pesent un marc de Cologne à 6 onces fines. le marc fin en taille 17 piéc.

25½ — de 1 Mk.	1	. . .	—	—	—	—	34 —
42½ — de 8 Schil.	1	. . .	5	—	—	—	68 —
76½ — de 4 . . .	1	. . .	4½	—	—	—	136 —
119 — de 2 . . .	1	. . .	3½	—	—	—	272 —
216 — de 1 . . .	1	. . .	3	—	—	—	576 —
304 — de ½ . . .	1	. . .	2	—	—	—	1216 —
456 — de ¼ . . .	1	. . .	1½	—	—	—	2432 —

(87)

La table suivante, qui donne la solution du poids du gros et petit courant, est calculée selon la proportion ci-contre.

$12\frac{3}{4}$ pièces de 2 Mk. $=$ 23 marcs Lubs $=$ un fin $=$ 8 onces.

Demandant ensuite quel est le poids de 30 Mk., il faut poser celle-ci.

$25\frac{1}{2}$ Mk. 30 Mk. $=$ 8 onces : $9\frac{2}{17}$ onces $=$ 1 Mk. $1\frac{2}{17}$ onces.

2 Mk. arg. court. d'Hamb. $=$ 1 Mk. 10 Schill. Dreilings argent de Banque.

1 — . . . . . —	13	—
8 Schill. . . —	6	6
4 — . . . . —	3	3
2 — . . . . —	1	$7\frac{1}{2}$
1 — . . . . —	.	$9\frac{5}{18}$
$\frac{1}{2}$ — . . . . —	.	$4\frac{55}{152}$
$\frac{1}{4}$ — . . . . —	.	$2\frac{55}{304}$

Des espèces d'or.

Hambourg fait battre des Ducats, et suit dans cette fabrication le pied de monnaie d'empire de 1539, d'après lequel on monnaie $67\frac{67}{71}$ Ducats avec un marc fin, et 67 seulement avec un marc fin de Cologne de 23 Karats 8 grains d'or fin. Le marc fin

contient 24 Karats , le Karat 12 grains , conséquemment 288 font un marc fin ; et selon
la proportion précédente , 47 marcs d'or de
Cologne donnent 3216 Ducats. A Hambourg
on pèse les Ducats , ou par pièce (al peso),
ou au poids de marc (al marco.) Dans le premier cas , chaque Ducat doit être la 67e. partie d'un marc fin de Cologne , ce qui fait $4\frac{14}{67}$
grains d'or fin. On compte ordinairement
que le Ducat vaut , du plus ou du moins ,
96 Sch. de Banque. Celui qui n'a pas ce
poids , perd 2 Schillings par chaque Asse qui
lui manque. Le pair du Ducat avec l'argent
courant est de 6 Mk. Bco. Son prix généralement varie du plus ou du moins à mesure
qu'on en fabrique , ou qu'il en sort du pays.
Il arrive donc quelquefois qu'il vaut en
Banco , du plus ou du moins , $\frac{1}{4}$, $\frac{1}{2}$ 1 et même 2 pour cent. En achetant ou en vendant
des Ducats au poids al marco, on se con-
tente que 67 Ducats pèsent un marc fin de
Cologne, sans faire attention au poids de chaque en particulier.

Quand le Ducat est à 6 mk. à 6 Sch. Bco,
l'Ecu de Banque équivaut précisément à la
moitié d'un Ducat. Si la valeur intrinsèque

d'un Ducat est 71 , 59 d'Asses d'or , l'Ecu de Banque=35,79 Asses d'or , d'où il résulte que la proportion de l'argent à l'or est comme 1 : 14. Cette proportion peut servir de base dans la fabrication des monnaies de Hambourg. Mais sitôt que le Ducat vaudra plus ou moins de 6 Mk. Bco. , la valeur intrinsèque de l'Ecu de Banque cessera alors d'être la même vis-à-vis de l'or.

Si selon la proportion , l'or et l'argent sont entr'eux comme 1 : 13 , on veut calculer le nombre d'Asses que contient l'Ecu courant , on trouvera 29,08. Ayant ce résultat , rien n'est plus aisé que de connaître le pair qui existe entre le Ducat de Hambourg et l'argent courant. Je poserai conséquemment cette proportion : 29,08 : 71 , 59 = 3 Mk. : 7 Mk. 6 Sch. 2 Dreil. Mais aussi cette valeur cesse d'être la même aussitôt que le Ducat baisse ou tombe.

La ville de Hambourg fait aussi battre quelquefois des portugaleuses , mais très-rarement , et toujours en petite quantité. On en fait des demies et des quarts. Dix Ducats font une portugaleuse. On les paie souvent plus qu'elles ne valent, à cause de leur rareté. La ville fait aussi monnoyer des Doubles Ducats, des $\frac{2}{1}$ et des $\frac{1}{4}$, mais en très petite quantité.

Nous avons, je crois, suffisamment éclairci les principes et les procédés que l'on emploie dans la fabrication des monnaies de Hambourg. Le Lecteur judicieux doit maintenant s'être fait une idée juste des valeurs en Banque et du courants, auxquelles se reduisent toute espèce de monnaies. Mais pour pouvoir juger d'un coup d'œil ces valeurs, j'ai cru devoir joindre ici la récapitulation suivante :

Hambourg compte donc en mark, en Schilling, et en Dreiling ou Denier. On y tient aussi les livres en Schilling et Denier vlaemischs, monnaie idéale comme la Livre Sterling d'Angleterre. On emploie celle-ci dans l'achat et la vente de certaines marchandises. Voici dans toutes ces valeurs la proportion et division qu'on suit :

Liv. vl.	écu.	écu de change.	mark.	Schill. vl.	Schill. Lubs.	den. vlaem.	den. Lubs.
1	$2\frac{1}{2}$	$3\frac{3}{4}$	$7\frac{1}{2}$	20	120	240	1440
	1	$1\frac{1}{2}$	3	8	48	96	576
		1	2	$5\frac{1}{3}$	32	64	384
			1	$2\frac{2}{3}$	16	32	192
				1	6	12	72
					1	2	6
						1	3

3 marcs Lubs ou 1 Ecu Lubs - 8 Sch. vlaemisch.

1 Mk. — - 32 Deniers vlaem.

1 Ecu — - 96 —

CHAPITRE IX.

Du change de Hambourg.

J'ai souvent remarqué que le calcul des changes à Hambourg n'était pas seulement difficile aux étrangers, mais même aussi à ceux qui ont longtemps fréquenté les Bureaux. Ceux-ci pourtant connaissaient machinalement le cours des Places avec lesquelles correspondait directement ou indirectement la maison de commerce où ils travaillaient; mais souvent il leur était imposible d'en donner la raison. Les cours de change ne se sont pas toujours fixés d'après des valeurs réelles et des monnaies existantes, mais aussi sur l'argent de Banque et de Compte. Ainsi l'on dit, le change de Hambourg sur la ville d'Amsterdam est à 2 Mk., 6 Sch. c'est-à-dire, que celle-ci reçoit en retour 34 Stub. Bco. du plus ou du moins; ou bien, 100 Ecus de Banque de Hambourg donnent 105 Ecus argent courant d'Amsterdam. Dans le premier cas on donne de l'argent de Banque pour de l'argent de Banque; dans le second

c'est différent , c'est-à-dire , que l'on donne
de l'argent de Banque pour de l'argent courant , et conséquemment une valeur idéale
pour une monnaie existante. On voit donc
que ces calculs ne sont pas combinés sur des
aperçus illusoires , mais je ne crois pourtant
pas inutile de rappeller ici à mes lecteurs les
principes que les négocians Hambourgeois
et étrangers y observent , non seulement
pour le cours du change de Hambourg, mais
aussi pour celui des autres Places qui sont
en relations de commerce avec cette ville.

Cours du change de Hambourg, le 2 Mars 1798.

————————————

N° 1. Species de Holstein et Schleswig . . . . . . $\frac{3}{4}$ pr $\frac{o}{o}$ } au dessus de l'argent
N° 2. Nouveaux Ducats à 6 Mk. Béo. . . . . . . 5 —— —— de Banque.
N° 3. Dito al marco . . . . —— ——

N° 4. Louis et Frédérics . . . . 11 Mk. $\frac{1}{2}$ Sch. } la pièce d'un poids juste
N° 5. Couronnes Danoises . . . . —— —— Sch. } en argent de Banque.

N° 6. Argent courant de Hambourg . . . . . 20 ——
N° 7. Gros courant Danois . . . . 20 ——
N° 8. Schillings . . . . —— ——
N° 9. Nouvelles pièces de $\frac{2}{3}$ . . . . 29 $\frac{3}{4}$ } P. C. moins que l'ar
N° 10. Nouvelles pièces de 8, 4 Gros de Prusse. 53 —— gent de Banque.
N° 11. Argent courant de Saxe . . . . —— ——
N° 12. Louis et Frédérics d'or . . . . 36 ——

Continuation du Cours du change.

No 13. Nouvelles pièces de $\frac{2}{3}$ . . . . $8\frac{1}{8}$ pr. $\frac{0}{0}$ } pCt. moins que le gros
No 14. Louis et Frédérics d'or. . . . . $13\frac{3}{8}$ — } courant.

No 15. Ducats à $2\frac{3}{4}$ Ecus . . . . $17\frac{7}{8}$ — } pCt. moins que des
No 16. Louis et Frédérics d'or . . . . $4\frac{3}{4}$ — } pièces nouvelles.

No 17. Nouvelles pièces de $\frac{2}{3}$ . . . . . . — 29 Sch. 7 D. } La pièce
No 18. Nouveaux Ducats (juste poids) . . . . . 7 9 — } en
No 19. Louis et Frédérics d'or . . . . . . 13 3$\frac{3}{4}$ — } gros courant.

  argent } 2 à $2\frac{1}{2}$ onces . . . . . 27 2 3 } le marc fin
No 20. en } 3 à $3\frac{1}{2}$ onces . . . . . 27 6 — } en
  lingots } 6 à $6\frac{1}{2}$ onces . . . . . 27 6 — } argent de Banque.
No 21. Argent fin . . . . 27 10 —
No 22. Pièces à 8 . . . . — — —

Démonstration.

———————

N° 1. Il s'agit ici de la monnaie d'argent qui a cours depuis 1787 dans les deux Duchés de Holstein et de Schleswig. Ces Ecus sont divisés en 48 Schillings, qui sont chacun divisés en 12 Deniers ou Dreilings. On frappe aussi dans ces Duchés des Ecus Species, des $\frac{2}{3}$, $\frac{1}{3}$, $\frac{1}{6}$, $\frac{1}{12}$, $\frac{1}{24}$ d'Écu ; des Schillings courans, et des demi-Schillings de cuivre. Les Ecus Species ont une double valeur, l'une comme argent Species, l'autre comme argent courant. 48 Schillings, argent Species, valent 60 Schillings courans. l'Ecu Species vaut donc 25 pour cent sur le courant.

9 Species $\frac{1}{4}$ font un marc fin d'argent de Cologne, et leur proportion à l'argent de Banque de Hambourg, est comme 9$\frac{1}{4}$ Ecus $=$ 27 Mk. et 10 Sch. Bco.

N° 2. Nouveaux Ducats à 5 pour cent au dessus de l'argent de Banque. On entend sous cette dénomination les Ducats de Hambourg, de la Hollande, et autres, qui ont été battus selon l'ancien titre des Ducats d'Empire. Le Ducat, évalué à 6 Mk. Bco., donne la proportion suivante.

100 Mk. en Ducats à 6 Mk. $=$ 105 Mk. de Banque.

N° 3. On compare ici le Ducat réduit en lingot. On l'évalue en Schillings. Il vaut 96 Sch. Bco. plus ou moins, évalué au poids de marc ; ici sa valeur reste en blanc.

N° 4. Louis et Frédérics d'or. Le Louis dont on parle ici, est celui qui vaut en argent de convention 5 Ecus à 20 Florins le marc fin. Il a conservé la dénomination de Louis, parce que c'est le même qui fut fabriqué en France l'année 1726 ; mais ce serait se tromper grossièrement que de le confondre avec les nouveaux Louis de France.

Le Louis, dont il est ici question, équivaut à 11 Mk. $\frac{1}{2}$ Sch. de Banque.

N° 5. Ces couronnes n'ont plus de cours à Hambourg.

N° 6. Il s'agit ici de l'argent courant, dont la proportion du pair en argent de Banque, est comme $123\frac{1}{13}$: 100. Mais le cours le désigne ici à $3\frac{1}{13}$ au dessous du pair. Il faut donc dire d'après ce cours : l'argent courant est l'argent de Banque, comme 120 Mk. courant $=$ 100 Mk. Bco.

N° 7. L'argent courant Danois va ici

de pair avec l'argent courant de Hambourg. Mais ordinairement il vaut pourtant quelque chose de moins.

N° 8. Des pièces de Schillings. On entend ici les Schillings courans de Hambourg, de Lubeck, du Duché de Mecklenbourg et communément aussi ceux des Duchés de Holstein et de Schleswig. Ces Schillings perdent ordinairement à peu-près 6 pr. $\frac{o}{o}$ sur le gros courant, leur agio en Banque est de 125 : 100 environ.

N° 9. Pièces de $\frac{2}{3}$ de juste poids. On compte par-là les $\frac{2}{3}$ d'un Ecu, ou les florins monnoyés au titre ancien de Leipsick de l'an 1690, qu'on bat encore aujourd'hui dans l'Electorat de Hanovre.

Leur proportion avec l'argent de la Banque de Hambourg, est comme $129\frac{3}{4}$ marks, en nouvelles pièces de $\frac{2}{3}$, = 100 Mk. Bco.

On se sert principalement de cette monnaie dans le commerce des grains. Sa valeur varie selon que l'on en a plus ou moins besoin.

N° 10. Monnaies de Prusse de 4 ou 8 bons gros. Un marc fin d'argent contient 21 florins ou 14 Ecus en cette monnaie.

L'Ecu de Prusse de 24 bons gros doit valoir 48 Schillings , conséquemment les 4 bons gros valent 8 Sch., et les 8 , 16 ; voilà pourquoi l'on dit, l'argent de Prusse : l'argent Bco. : : 153 Mk. P. : 100 Mk. Bco. ou comme 153 Ecus de Prusse sont à 100 Ecus de Banque.

N° 11. On entend par l'argent courant de Saxe , la monnaie dont le raport est de 20 florins par chaque marc fin. Le Frédéric doit conséquemment valoir 5 Ecus en cette monnoie.

N° 12. Cette monnaie et absolument la même que celle spécifiée au Numéro 4, à l'exception que le calcul est fait ici en marks au lieu d'Ecus de Banque.

La proportion se pose ainsi , lorsque le Louis vaut 15 Mk.

15 Mk. = 1 L. d'or.

11 Mk. $\frac{1}{2}$ Sch. Bco. = dito.

11 Mk. $\frac{1}{3}$ Sch. : 3 Mk. 15 Sch. $\frac{1}{2}$ = 100 : 136.

Les Louis calculés d'après cette proportion , perdent donc 36 pr. $\frac{0}{0}$ sur l'argent de Banque de Hambourg ; conséquemment 136 Ecus, en Louis évalués à 15 Mk., = 100 Ecus de Banque.

Nº 13 et 14. Ici le calcul se fait de la même manière qu'avec l'argent courant de Hambourg.

Nº 15. $2\frac{3}{4}$ Ecus font ici un Ducat (poids faible), ou bien en argent de Convention.

C'est ainsi que s'explique

Le Nº 17. Calcul des pièces de $\frac{2}{3}$ en Schilling.

Nº 18 Expliqué aux Nº 8 et 9.

Nº 19. Expliqué au Nº 14.

Le Nº 20 indique la valeur du marc fin de Cologne appliquée à différens degrés de fin.

Si l'on dit , que le marc fin de Cologne a de 2 onces à $2\frac{1}{2}$, on entend 2 à $2\frac{1}{2}$ onces d'argent fin ; je suppose alors qu'ayant 8 onces d'argent, le marc étant à 2 onces fines, je reçoive alors pour mes 8 onces le quart de 27 Mk. 2 Sch. de Banque ; Je dirai donc : pour reçevoir 27 Mk. 2 Sch. de Banque , il me faut quadrupler mes 8 onces en lingots de bon poids. C'est ainsi qu'il faut expliquer l'argent de 2, $3\frac{1}{2}$, 6 , $6\frac{1}{2}$ onces fines.

Nº 21. Ici l'on parle du plus haut degré de fin de l'argent , dont on peut avoir 27 Mk. 10 Schill. Bco. pour 8 onces. Si en comparant l'évaluation précédente , on est surpris de ce prix , qu'on envisage qu'il ne s'agissait plus haut , que de l'argent qui n'avait pas le fin requis , et que l'épuration demande des frais considérables. Mais l'argent dont il est ici question , est épuré, et ne doit plus causer aucune dépense.

N°. 22. Pièces de huit. Ces monnaies sont les mêmes que les Piastres ou Ecus d'Espagne, connues aussi sous la dénomination de Pesos fortes , Mexicaines , Pilars , et dans les provinces unies d'Amérique , sous celle de Dollards.

On en fait usage dans le commerce de l'Inde ; voilà pourquoi toutes les nations commerçantes de l'Europe les achettent et les vendent comme marchandise. La vente s'en fait au marc d'argent fin de Cologne. Le prix de ces Ecus comme marchandises, est fort variant.

Le fin de l'argent avec lequel on fabrique ces Piastres , est de 7 onces et 6 grains.

Cours des Changes de Hambourg , avec les principales Places de commerce de l'Europe , et en quelles monnaies il se fait.

HAMBOURG.

Aux Places suivantes.	Donne.		En reçoit.	
à Amster-dam.	2. 2 Mk. Bco. 300 - - - 120 - - - 6 - - -	certain.	$37\frac{3}{5}$ Stub. $107\frac{1}{2}$ E. d. caisse $107\frac{1}{2}$ flor. d. --- $107\frac{1}{2}$ Stb. d. ---	incert.
Londres.	36 ß yl. 7 ♌ 8 ß vl $=$ 1 Ecu $=$ 3 Mk. Bco.	incert.	1 Liv. Str., 20 Sch., ou 240 Pf.	cert.
Paris. Bordeaux.	$24\frac{1}{4}$ Sch. Bco. - - - - -	inc.	1 Ecu de 3 Liv. - - - - -	cert.
Madrid et Cadix.	71 Gros vl. - - - - -	incertain.	1 Ducat de Ban-que de 11 $\frac{1}{34}$ Réaux, ou 375 Maravédis.	certain.
Livourne et Gènes.	87 Gros vl. 80 - - - -	incert.	1 Pezza. 1 Pezza.	cert.

Continuation.

Aux Places suivantes.	Donne.		En reçoit.	
Lisbonne et Porto.	48 Gros vl.	incert.	1 Crusade de 400 Rés.	cert.
Venise.	$74\frac{1}{2}$ Gros vl.	incert.	1 Duc. de Bco. de 6 Liv. et $\frac{1}{2}$, ou 144 Sols de Banque.	certain.
Breslau	$40\frac{15}{16}$ ß Bco.	incert.	1 Liv. d. Bco. (4 Liv. Bco. = 1 Frédéric).	cert.
Vienne et Prague.	100 Ecus, ou 300 Mk. Bco. 200 Mk. Bco.	cert.	151 Ecus. 151 flor. cour.	incert.
Copenhag. et Leipsick.	100 Ecus, ou 300 Mk. Bco. 100 E. - - -	cert.	124 $\frac{1}{2}$ Ecus. 150 Ecus.	

Nota. Tous ces changes ne peuvent être considérés que comme la moyenne proportionnelle entre les différens cours de change, qui doivent nécessairement varier selon les circonstances plus ou moins favorables.

Il n'est ici question ni du pair des monnaies ni de valeur intrinsèque. C'est ce dont s'appercevra au coup d'œil l'homme qui a déjà l'habitude de suivre la cote de nos changes. Cependant comme plusieurs de mes lecteurs seraient bien aises de connaître ces valeurs, je vais donner en Banco le pair de toutes les différentes espèces de monnaies étrangères.

Mais avant tout, il est bon que j'expose la marche que j'ai suivie dans ce calcul.

1° Je ne ferai aucune mention du papier-monnaie, ni de son influence sur le cours ; je parlerai seulement des espèces sonnantes ; car ce serait à n'en jamais finir, s'il fallait énumérer l'énorme quantité de papiers qui se trouvent présentement répandus en Europe.

2° Comme les monnaies des principaux Etats commerçants sont divisées en Asses de Hollande, j'ai cru devoir adopter ce tarif. Au reste ou peut trouver dans *Le Comptoiriste de Krusen* ce qu'on desirerait de plus étendu sur cet article.

Mais comme il n'est ici question que de la Banque de Hambourg , je me borne à donner le tableau du pair des espèces qui ont cours avec l'argent Banco.

Tableau général du pair de toutes les monnaies qui ont cours avec l'argent de la Banque de Hambourg.

1° **L**E pair du florin de Hollande en argent de Banque de Hambourg, est 18 Sch. et $\frac{2}{11}$.

En effet, comme l'Ecu de Banque a 528 Asses, qui font 48 Sch.; il s'en suit que le Schilling de Banque en a 11. Mais le florin de Hollande contient 200 Asses qui, divisés par 11, donnent $18\frac{2}{11}$ Sch. Bco.; conséquemment la proportion est juste.

2° La Livre Sterling, calculée au titre de l'argent fin, donne 2306 Asses = 13 Mk. 1 Sch. Bco.

3° L'Ecu de France de trois livres contient 278 Asses = 25 Sch. de Banque et $\frac{3}{11}$.

Ce calcul sert pour Paris et Bordeaux.

4° Le Ducat de la Banque de Madrid = 522,26 Asses = 95 gros. La même proportion existe pour Cadix.

5° La Crusade de Lisbonne de 400 Rées = 230 Asses = 41 gros.

Il en est de même à l'égard de Porto.

6° La Pezza de Livourne contient 45r Asses = 82 gros.

Le même calcul a lieu pour Gènes.

7° Le Ducat de Venise contient 469 Asses = 85 gros.

8° L'Ecu courant de Vienne contient 364 Asses = 31 Sch. $\frac{1}{11}$ Bco. ou 100 Ecus de Banque = 145 Ecus courans de Vienne.

La même proportion sert pour évaluer l'Ecu de Prague.

Si maintenant on veut évaluer le pair de toutes les autres monnaies qui ont cours avec l'argent Bco., on n'a qu'à suivre cette marche claire et facile, et l'on est sûr de parvenir à un résultat certain.

Selon ce procédé, on peut s'assurer dans un clin-d'œil si le cours du change est favorable ou non sur telle ou telle Place.

Les gens accoutumés à suivre exactement les varations du cours des changes, peuvent juger facilement des avantages que l'on peut en retirer. l'Arbitrage exige une attention scrupuleuse au cours des changes.

Le Cours des changes, nous dit-on, peut être pris pour le baromètre du Commerce, c'est-à-dire, que selon qu'il se mon-

tre favorable ou désavantageux, on peut en
conclure que le négociant fera de grands
gains, ou de grandes pertes. Je crois que
pour éclaircir ceci, il vaudrait mieux s'atta-
cher à rechercher si les causes de cette variété dans le cours des changes, ne pro-
viennent pas de quelqu'événement extra-
ordinaire. Par exemple, en 1798, le change de Hambourg sur Londres baissa tout-
à-coup de 10 pr.$\frac{o}{o}$ en faveur des Anglais.
Si le cours des changes est pris en cette
occasion pour le baromètre du commerce,
on doit en augurer que la ville de Hambourg se trouvait alors dans un fort mauvais
cas. Mais pour être à même ici de porter
un jugement sain, il faut avant tout remonter aux causes premières, c'est-à-dire, à
celles qui, à cette même époque, ont pres-
qu'entraîné la ruine du commerce de toute
l'Europe.

Une guerre navale de plusieurs années,
de mauvaises combinaisons de la part du
Gouvernement Français d'alors, enfin l'i-
nertie des autres puissances, tout cela avait
produit un bouleversement total dans la
marche ordinaire des affaires. Le commerce

de l'Angleterre s'aggrandissait de jour en jour , et cette nation devenait l'arbitre souverain de celui des Indes. La France , l'Espagne , la Hollande voyaient le leur pour ainsi dire anéanti ; et les personnes accoutumées à faire une consommation journalière des denrées et marchandises coloniales , se virent forcées d'avoir recours aux Anglais. Dans cet état des choses , Hambourg devenait le marché le plus considérable du continent. On y voyait étalées les productions les plus précieuses des deux Indes. C'est de-là qu'elles ont été ensuite distribuées dans l'intérieur. De cette manière la Russie, la Pologne, toute l'Allemagne , l'Italie , la Suisse , l'Espagne , la France et la Hollande sont devenues par l'entremise des Hambourgeois, les débiteurs des Anglais. Ainsi, comme Hambourg était le point central de ces négociations, ce fut par cette place que l'on dut faire passer les remboursemens. Aussi combien de packetboats chargés d'or ne vit-on pas alors retourner en Angleterre? Mais ceci ne s'opérait qu'à mesure que les Hambourgeois recevaient de l'étranger les remises qui devaient être faites aux

propriétaires anglais. Au lieu de faire fondre dès lingots d'or et d'argent pour effectuer ces paiemens, on préféra prendre du
papier d'Angleterre sur lequel on perdait
un petit intérêt. Voilà comment celui-ci fut
recherché au point de faire monter le change à 38 Sch. vl., c'est-à-dire, à 10 pr. $\frac{o}{o}$
au-dessus du pair. Mais d'après ce qui a
été dit ci-desus, il est évident que cette
perte, quoiqu'effectivement réelle pour
l'étranger, ne retombait pas sur les Hambourgeois, qu'on ne peut d'ailleurs regar-
der ici que comme de simples commis-
sionnaires. Si dans cette conjoncture, on
se rapportait à ce change pour juger de
la possition de Hambourg, on peut voir
maintenant qu'on obtiendrait un résultat
tout-à-fait faux. En conséquence c'est une
erreur de croire que le cours des changes
soit le signe qu'il faille choisir pour bien
juger de la situation d'une place de commerce.

Au reste on sait que par l'état des choses, Hambourg se trouvoit à cette époque,
le seul point de communication du continent à l'Angleterre. L'étranger se vit donc

forcé d'y envoyer son or pour rembourser les Anglais.

Les facilités que présente la Banque de Hambourg dans de pareilles négociations, la feront choisir de préférence à toutes les autres, tant que la Hollande restera en guerre avec l'Angleterre.

Il ne reste plus qu'un mot à dire. Le crédit et l'habilité reconnus des négocians Hambourgeois avaient su fixer le commerce des Anglais dans leur ville. Hambourg allait jouir de la position la plus florissante qu'un État puisse atteindre par le commerce, lorsqu'en 1799, nous avons vu cette malheureuse ville en proie aux plus grands désordres ! Ceci doit sans doute paraître un prodige aux yeux de certaines personnes qui ne sont pas au fait de la chose. Mais les bornes de ce traité ne me permettent pas d'en dévolopper ici les causes.

Extrait du Réglement (*) *de la Banque de Hambourg.*

ARTICLE PREMIER.

LES Directeurs se transporteront à l'hôtel de la Banque toutes les fois qu'ils jugeront que leur présence y sera nécessaire. Tous les jours , excepté les Dimanches et fêtes , chaque employé à la Banque , soit comme Teneur de Livres , soit comme Caissier , sera tenu de se rendre dans les Bureaux à la place qui lui aura été assignée.

Depuis 9 heures du matin jusqu'à midi, les Caissiers seront obligés de se tenir à leur Caisse , pour y faire les paiemens à qui de droit.

II. Une salle à part est destinée à la recette des sommes apportées en Banque , du montant desquelles les Caissiers seront tenus de donner un reçu , où la somme sera écrite

(*) Ce Réglement , quoique déja fort ancien , est cependant le seul qui ait paru jusqu'à présent. Mais je me vois néanmoins forcé d'en supprimer plusieurs articles qui ne sont plus mis en exécution depuis le nouveau mode que la Banque a adopté pour faire ses fonds.

en toutés lettres et en chiffres. Ce reçu sera de suite communiqué aux Teneurs de Livres.

III. Toutes les assignations qui seront faites à la Banque, devront être présentées par écrit au Teneur de Livres, spécialement chargé d'en faire la collecte. L'actionnaire qui fait l'assignation (*) doit y paraître lui-même en personne, ou si non il faudra qu'il fasse dresser par les Teneurs de Livres une procuration, par laquelle il transmettra à qui bon lui semblera, le droit de faire transporter de sa feuille sur celle d'un autre, la somme portée dans l'assignation.

La personne revêtue d'une pareille pièce, sera tenue de la présenter toutes les fois qu'elle voudra faire des tranports de sommes d'une feuille à l'autre. Cependant cette procuration ne peut être valable que pendant le cours de l'année où elle aura été délivrée.

(*) L'assignation dont il est ici question, n'est autre chose qu'un billet présenté par l'actionnaire à la Banque, pour faire transporter de sa feuille sur celle d'un autre, une certaine somme qui doit y être écrite en toutes lettres et en chiffres. Le nom de l'actionnaire, ainsi que le numéro de sa feuille de Banque y doivent être également désignés.

(113)

Elle doit être munie du sceau de la Banque et de la signature du commettant.

IV. Les sommes portées dans les assignations qui sont faites à la Banque, doivent être écrites en toutes lettres et en chiffres. L'actionnaire sera obligé d'y désigner le numéro de la feuille qu'il possède en son nom. Celui qui ne se conformera pas à ces dispositions, qui commettra des erreurs, soit dans les chiffres, soit dans la désignation des feuilles, sera tenu de payer 1 pr.⅛ d'amende à déduire sur la somme portée dans l'assignation.

V. Quand un actionnaire vient à mourir, aucun changement ne peut être fait dans sa feuille, ni par sa veuve, ni par tout autre héritier quel qu'il soit, avant que le Sénat n'ait levé la tutelle de ceux-ci, et ne les ait autorisés, d'après une requête préalable et signée en forme, à rentrer dans les droits du défunt.

Mais si par son testament, le mari a constitué sa femme la tutrice de ses enfans; s'il lui a légué l'administration de ses biens, ou si cette veuve prend en son nom une feuille dans la Banque, alors elle pourra disposer elle-même des fonds qui y sont déposés pour son propre compte.

8

(114)

VI. Quand plusieurs individus forment
une société, sous la raison de laquelle on
tient un compte en Banque, il est convenu
que si l'un des sociétaires se présente, muni
du formulaire usité, pour disposer des fonds
que la société y possède, le paiement sera
reconnu valable comme si tous les autres
associés avaient préalablement signé l'assignation.

VII. Tous les matins, depuis 7 heures jusqu'à 9, un des Teneurs de Livres devra se rendre dans une salle qui lui est désignée, à
l'effet de répondre à quiconque viendra
s'informer de l'état de sa feuille. Il fera
la balance de chaque compte, qui lui
sera présenté, avec celui de la banque,
afin de voir s'ils sont de conformité.

VIII. Si quelqu'un venoit s'informer à la
Banque d'un autre compte que du sien, il
ne lui sera fait aucune réponse.

Tous les fonctionnaires de la Banque sont
tenus à garder le plus scrupuleux secret sur
tout ce qui s'y passe. Ils s'y sont engagés par
serment, et encourraient par leur indiscré-
tion des peines afflictives.

La Banque exige qu'une somme portée

sur une feuille , y passe au moins une nuit avant d'en faire le transport sur une autre feuille.

IX. Le Teneur de Livres chargé de faire la contrepartie , fera la collecte des assignations à mesure qu'on les lui présentera. Il examinera s'il s'y est glissé quelqu'erreur dans l'inscription des sommes écrites en toutes lettres et en chiffres. Il observera de même très-attentivement si celui qui fait une assignation , possède réellement en Banque une somme équivalente à celle qu'il veut faire transporter de sa feuille sur celle d'un autre.

X. Chaque Teneur de livres , en vertu du serment qu'il a prêté devant la loi , doit dénoncer aux Directeurs celui qui auroit voulu faire transporter sur la feuille d'un autre une plus grande somme que celle que ne représente effectivement la sienne.

XI. Celui qui aurait assigné plus d'argent qu'il n'en possède réellement dans la Banque , paiera une amende de 3 Mk. Bco. par chaque centaine de marks qu'il aura assignée de trop.

XII. Il est permis aux Directeurs d'assigner le travail aux Teneurs de livres comme ils le jugeront à propos. Les Caissiers ne pourront divertir en aucune manière les fonds qui leur sont confiés. Ceux qui contreviendront à cette article, seront condamnés à une punition arbitraire.

XVII. (*) Chaque jour la grande Caisse sera fermée. Chaque Caissier ne pourra avoir à sa disposition que 5000 Ecus, sous peine d'encourir l'amende de 10 Mk. Lübs. Il sera tenu de remettre l'excédent de cette somme entre les mains des Directeurs. Ceux-ci seront autorisés à faire la visite des Caisses autant de fois qu'ils le jugeront convenable.

XVIII. (**) Si deux personnes se présentaient en même temps à la Banque, l'une pour y apporter des fonds, l'autre pour en retirer, il seroit permis de rembourser l'une avec l'argent de l'autre. Alors les Caissiers porteraient la somme dans leurs livres comme si elle avait été reçue et payée par eux-mêmes.

XIX. (***) La Banque paiera sans délai les

(*) **) ***) *Nota.* Depuis environ une trentaine d'années, la Banque a changé de procédé à cet égard, son fonds n'étant plus désormais composé que de lingots d'argent de la finesse de 15 Lots et 12 grains.

La Banque reçoit le marc de Cologne sur le pied

sommes dues en espèces à l'actionnaire , aussitôt qu'il en fera la réclamation.

XXIII et XXIV. En aucun cas, la saisie ne pourra avoir lieu sur les fonds déposés dans la Banque ; mais si un actionnaire fait faillite , la Banque répartira son argent entre ses créanciers.

XXVI. Il ne sera permis à aucun actionnaire de faire passer de sa feuille sur celle d'un autre , moins de cent marks ; et l'on ne pourra non plus porter en compte au-dessus ni au-dessous de 6 Deniers.

XXVII. Pour pouvoir régler les comptes de chaque actionnaire , la Banque sera fermée depuis le dernier jour de décembre jusqu'au 15 Janvier.

---

de 27 Mk. et 10 Sch. Bco., et le rend au propriétaire à raison de 27 et 12.

C'est donc ainsi que l'on doit expliquer le mode à suivre en apportant des fonds à la Banque , et en les en retirant.

Plusieurs autres articles de l'ancien Réglement, touchant la manière de retirer les espèces de la Banque, ne peuvent plus être rapportés ici, attendu que le fonds consistoit alors en argent monnoyé, au lieu qu'actuellement il est composé tout différemment , comme il vient d'être expliqué plus haut.

(118)

XXVIII. Les Directeurs sont tenus de se présenter à la Banque au moment de son ouverture, afin de pouvoir arrêter les comptes, avant que les actionnaires puissent opérer aucun changement dans leurs feuilles.

XXIX. Les commis et autres fonctionnaires de la Banque, ne pourront y ouvrir un compte pour eux-mêmes.

XXXI. Il est expressément défendu aux citoyens de Hambourg de prendre en leur nom, pour le compte des étrangers, une feuille dans la Banque. Celui qui sera convaincu d'avoir enfreint cette défense, sera condamné à payer pour la première fois une amende de 200 Ecus, et de 400, en cas de récidive ; en outre il sera déclaré infâme et inhabile à posséder un fonds dans la Banque. Les Teneurs de livres sont spécialement chargés d'avoir l'œil à ce que cet article soit rigoureusement observé. Un tiers de l'amende sera dévolue au dénonciateur.

Nota. Cet article n'est aucunement mis en exécution, surtout depuis les dernières années de cette guerre. Il est de fait que plusieurs sommes considérables appartenant à des étrangers, ont été transportées au trésor de la Banque de Hambourg.

Rien n'est en effet plus aisé que d'y faire passer des fonds, quoiqu'étrangers, au moyen d'un actionnaire qui les prend sous son nom, et auquel on donne en conséquence un petit intérêt de $\frac{1}{3}$ pour $\frac{0}{0}$. Au reste cet article, nonobstant qu'il n'est point observé, subsiste toujours. Cependant il n'est pas jusqu'au plus petit actionnaire qui ne soit au fait de semblables transactions, qui se font journellement sans entraîner le moindre inconvénient après elles.

XXXII. Aucun Courtier, chrétien ou juif, ne pourra ouvrir un compte en Banque, ni sous son nom, ni sous celui d'aucun actionnaire quel qu'il soit. Le contrevenant à cet article, perdra l'exercice et les prérogatives de son courtage, et paiera pour la première fois une amende de 200 Ecus, et de 400, en cas de récidive. Tout actionnaire qui se prêtera à faire les affaires d'un courtier dans la Banque, sera condamné, conformément à ce qui a été dit ci-dessus, aux peines énoncées à l'article précédent. Un tiers sera également dévoulu au dénonciateur.

Nota. Cet article, de même que le précédent, n'est plus mis en éxecution. Il est de toute notoriété que les Courtiers savent l'éluder en s'entendant avec les actionnaires, qui les intéressent dans leurs feuilles pour une somme convenue.

XXXIII. Les cinq Directeurs de la Banque sont nommés seulement pour 5 ans.

LI. Les premiers fonctionnaires de la Banque sont 2 Sénateurs, 2 membres du Collége des anciens, et cinq autres pris dans le nombre des actionnaires.

LII. Chaque année, il sera formé une commission composée de 2 Sénateurs, de 2 membres du Collège des Anciens, de 2 membres de la Chambre, et de 2 particuliers choisis dans la classe des négocians ; laquelle sera chargée de faire la révision des comptes. Tous ces membres seront obligés de garder le secret sur tout ce qui aura été fait dans leur assemblée.

En cessant leurs fonctions, les comptes une fois approuvés, ils recevront une quittance à leur décharge, en vertu de laquelle ils ne pourront être poursuivis devant les tribunaux pour tout ce qui aura été contracté dans la Banque durant leur administration.

LIII. *et dernier* (*) Chaque Caisse ou caveau servant de trésor à la Banque , sera fermé avec cinq serrures différentes. Chaque Directeur n'aura à sa disposition que la clef d'une des serrures, soit d'une caisse, soit d'un caveau , en sorte que l'ouverture d'un de ceux-ci ne pourra avoir lieu qu'en présence des cinq Directeurs.

(*) Les articles suivans de l'ancien Réglement, devenus nuls par la nouvelle organisation de la Banque, sont supprimés ici , ne pouvant offrir aucun objet d'instruction à nos lecteurs.

'Abréviations par lesquelles on a exprimé
les mots suivans.

Liv. . . . . Livre.
Liv. Sterl. . . . . . Livre Sterling.
Mk. Bco. . . . . . Mark de Banque.
Sch. Bco. . . . . . Schilling de Banque.
Dreil. ou Den. Bco. . . Dreilling ou denier de Ban-
                          que.
Mk. C. ou Mk. Cour. . . Mark Courant.
ß Sch. vlaem. . . . . Schilling vlaemische.
pr. $\frac{o}{o}$ . . . . pour cent.
pr. $\frac{oo}{o}$ . . . . pour mille.
$=$ . . . . égal.
$:$ . . . . est à.
$::$ . . . . comme.

TABLE DE MORTALITÉ,
divisée de 5 en 5 ans, calculée sur le terme moyen pris d'après les observations de neuf Auteurs.

ÂGE	M. DEPARCIEUX, sur les Tontiniers de France.		M⁰ DUPRÉ St-MAUR et BUFFON, sur 12 paroisses de la campagne, et 3 de Paris.		M. DAIGNANT, sur toutes les classes de Citoyens.		M. MOURGUE, sur la Ville de Montpellier.		M. LACROIX, sur la Ville de Lyon.	
	Nombre des Individus	Mortalité	Nombre des Individus	Mortalité	Nombre des Individus	Mortalité	Nombre des Individus	Mortalité	Nombre des Individus	Mortalité
1	1000	43	1000	268	1000	101	1000	188	1000	39
2	952	36	732	99	899	52	812	61	961	26
3	916	27	633	42	867	28	751	36	935	22
4	889	20	591	25	859	26	715	19	913	19
5	859	16	565	24	813	14	696	16	894	16
Σ		147		469		211		320		112
6	853	14	531	17	789	23	680	17	878	19
7	839	13	524	15	766	22	663	16	850	19
8	826	11	511	11	744	22	647	14	840	18
9	815	9	500	6	722	22	635	11	825	11
10	806	5	494	1	700	21	622	9	803	9
Σ		52		51		110		67		95
11	801	5	490	5	678	6	615	5	785	5
12	796	5	487	4	673	6	605	6	770	5
13	791	5	483	3	667	6	605	5	755	5
14	786	5	480	4	662	6	602	5	743	4
15	781	5	477	4	656	5	599	5	733	5
Σ		25		17		29		17		21
16	776	6	473	5	651	8	596	7	724	10
17	770	5	468	4	643	7	592	4	714	9
18	765	7	464	6	636	7	589	4	705	10
19	758	6	458	4	628	7	585	5	695	10
20	752	7	454	5	621	9	582	5	685	10
Σ		31		24		39		19		49
21	745	7	449	4	612	7	577	5	675	10
22	738	7	445	6	605	6	572	5	665	10
23	731	7	440	6	599	7	567	6	655	11
24	724	7	434	6	592	6	561	6	644	11
25	717	7	428	6	586	6	555	5	633	11
Σ		35		29		32		28		54
26	710	7	418	6	586	6	549	6	621	11
27	703	7	414	6	574	6	543	6	610	11
28	696	7	408	6	568	7	537	7	599	10
29	689	7	402	6	561	7	531	6	589	10
30	682	7	396	8	554	7	525	5	579	10
Σ		35		32		33		31		51
31	675	7	388	6	547	6	518	8	567	10
32	668	7	382	6	539	8	512	8	557	10
33	661	7	376	6	531	8	506	8	547	10
34	654	7	370	7	522	8	500	8	538	10
35	647	7	563	8	514	9	493	8	528	10
Σ		35		33		42		41		50
36	640	7	355	6	506	8	486	4	517	10
37	635	7	347	8	502	8	480	5	507	11
38	627	6	339	9	499	9	473	3	495	10
39	621	6	330	8	496	8	466	3	485	10
40	615	6	322	9	493	9	459	4	476	9
Σ		31		42		41		17		50
41	609	6	315	7	489	8	452	8	467	9
42	603	5	306	6	481	8	446	8	458	9
43	598	6	300	7	473	10	439	10	449	11
44	592	7	293	7	465	12	431	12	438	12
45	585	6	286	7	453	9	424	9	426	11
Σ		30		34		54		45		52
46	579	7	279	8	444	9	416	7	415	10
47	572	7	272	7	435	9	409	7	405	10
48	565	8	265	7	425	9	402	8	395	11
49	557	8	257	8	417	9	395	9	384	10
50	549	9	249	7	408	9	387	8	574	10
Σ		39		37		45		45		51
51	540	10	242	5	399	7	379	9	364	10
52	530	10	237	6	393	7	370	9	354	10
53	520	10	231	6	385	8	361	9	344	10
54	510	11	225	7	377	8	352	9	334	10
55	499	11	219	7	370	9	345	10	324	11
Σ		62		30		39		53		51
56	488	11	212	7	361	9	353	9	315	9
57	477	12	205	9	352	10	324	9	304	9
58	465	12	196	10	342	10	315	9	295	9
59	453	12	186	9	332	10	306	10	283	10
60	441	12	177	9	322	10	296	9	275	11
Σ		59		44		49		46		51
61	429	12	168	6	312	15	287	10	262	10
62	417	15	162	6	299	14	277	10	252	12
63	404	13	156	8	285	16	267	10	240	13
64	391	13	148	8	269	16	257	11	227	12
65	378	16	140	6	253	15	246	11	216	12
Σ		65		34		74		52		59
66	364	14	134	8	238	10	235	10	205	11
67	350	16	126	9	228	11	225	11	192	12
68	334	18	117	9	217	10	214	10	180	12
69	316	18	108	9	207	10	204	11	168	11
70	298	18	99	9	197	10	193	10	157	12
Σ		84		44		51		52		58
71	280	18	90	7	187	10	183	9	145	10
72	262	20	83	7	177	12	174	10	155	13
73	242	20	75	8	165	11	164	10	124	11
74	222	20	68	8	156	11	156	10	113	11
75	202	20	60	8	145	12	144	11	101	11
Σ		98		38		56		50		55
76	182	18	52	6	133	10	133	11	90	10
77	164	18	46	6	122	10	122	11	80	10
78	146	18	40	6	111	11	111	10	70	11
79	128	17	34	5	101	10	101	9	59	9
80	111	16	29	6	92	9	92	9	50	8
Σ		87		29		49		50		48
81	95	16	23	3	82	10	82	8	42	7
82	79	15	20	3	72	9	72	7	35	7
83	68	11	17	2	65	8	65	6	28	7
84	55	10	15	5	55	8	61	7	21	7
85	45	9	12	3	47	9	53	8	16	6
Σ		59		14		44		36		30
86	36	9	9	2	38	4	47	8	14	5
87	27	7	7	2	34	3	39	8	9	5
88	20	5	6	1	31	2	31	7	7	5
89	15	4	5	1	29	2	24	7	5	5
90	11	4	4	1	28	2	17	6	3	6
Σ		29		7		16		36		12
91	7	4	3	1	22	1	11	8	1	…
92	5	2	2	1	11	1	8	3	…	…
93	3	…	1	1	…	…	5	2	…	…
Σ		7		3		22		11		…

ÂGE	Mrs SMART et SIMPSON, sur la Ville de Londres.		M. KERSBOOM, sur les Rentiers viagers de la Hollande.		M. PRICE, sur la Ville de Northampton.		M. KALLEY, sur les Habitans du Breslaw.		RÉUNION des Auteurs de 5 en 5 ans.		RÉDUCTION moyenne.	
	Nombre des Individus	Mortalité	Nombre des Individus	Mortalité	Nombre des Individus	Mortalité	Nombre des Individus	Mortalité	Nombre des Individus	Mortalité	Nombre des Individus	Mortalité
1	1000	205	1000	54	1000	156	1000	156	9000	1215	1000	135
2	795	70	946	33	844	59	785	53	7785	477	812	53
3	725	42	915	31	783	31	753	31	7303	283	780	32
4	685	24	882	20	752	22	752	22	7030	198	768	22
5	661	18	862	17	730	20	730	20	6822	171	768	19
Σ		357		155		288		290		2349		261
6	643	13	846	13	710	15	655	15	6655	155	739	17
7	628	12	830	13	693	15	647	13	6493	135	721	15
8	616	9	817	8	678	8	640	12	6413	117	712	13
9	607	8	806	8	668	6	635	9	6366	135	694	15
10	599	6	795	6	659	6	628	8	6147	81	683	…
Σ		50		53		52		57		585		65
11	593	8	792	7	655	8	608	5	6055	63	674	7
12	585	7	785	7	647	7	603	5	6003	63	667	7
13	577	7	778	6	640	7	598	6	5940	64	660	6
14	570	7	772	6	631	7	592	7	5886	54	654	6
15	563	7	766	6	624	6	585	6	5832	52	648	6
Σ		37		32		40		31		288		32
16	555	7	760	8	617	8	578	6	5778	63	642	7
17	548	7	752	7	609	7	565	6	5715	61	635	7
18	541	7	745	7	602	7	566	6	5661	63	629	6
19	535	7	738	7	595	6	508	5	5508	54	622	6
20	530	7	731	7	588	7	566	6	5344	72	616	7
Σ		36		36		36		30		297		33
21	523	8	724	8	582	8	592	6	5348	63	609	7
22	515	9	716	8	573	10	536	6	5318	63	602	7
23	507	9	708	9	568	10	580	7	5255	72	595	8
24	498	9	699	9	558	10	573	7	5183	72	587	8
25	489	10	690	10	546	8	566	7	5111	72	579	8
Σ		44		42		46		32		342		38
26	479	11	681	10	550	9	560	7	5067	72	563	8
27	470	11	671	10	529	10	555	7	4995	72	555	8
28	461	11	661	10	519	9	549	8	4923	72	547	8
29	452	11	650	10	510	9	510	8	4851	72	539	9
30	443	11	640	11	501	10	551	10	4481	72	531	9
Σ		47		53		47		37		369		41
31	432	9	629	10	491	8	543	8	4770	72	536	8
32	423	9	619	10	483	8	515	8	4698	72	522	8
33	414	10	609	10	475	8	507	8	4626	72	514	8
34	404	10	600	8	467	8	499	8	4554	72	506	8
35	394	12	592	10	460	9	491	10	4582	81	498	9
Σ		50		47		41		42		369		41
36	382	11	582	9	452	8	481	8	4401	72	489	8
37	370	11	573	9	444	8	472	8	4329	72	481	8
38	360	11	564	9	436	8	463	8	4257	72	473	8
39	350	11	555	9	428	8	456	8	4185	72	465	8
40	340	10	546	9	419	9	445	9	4113	72	457	8
Σ		54		45		41		40		360		40
41	328	10	537	8	410	8	436	9	4041	72	449	8
42	318	11	529	8	401	8	427	10	3969	72	441	8
43	308	11	521	8	392	8	417	10	3897	81	433	9
44	297	11	513	8	381	9	407	10	3816	81	425	9
45	286	11	505	9	373	10	397	10	3735	81	415	9
Σ		53		41		47		49		387		43
46	275	10	496	10	365	10	387	10	3654	81	406	9
47	265	10	486	10	355	10	377	11	3573	81	397	9
48	255	11	476	10	345	10	366	10	3492	81	388	9
49	246	10	466	9	335	9	356	11	3411	81	379	9
50	237	9	457	10	325	9	345	10	3330	81	370	10
Σ		51		49		48		52		405		45
51	228	9	447	11	364	10	335	11	3249	81	361	9
52	219	9	436	11	354	10	324	10	3168	81	352	9
53	210	8	425	11	344	10	314	10	3087	81	343	9
54	202	8	414	11	334	10	304	10	3006	81	335	9
55	194	9	403	11	324	11	294	12	2925	90	315	10
Σ		43		53		46		55		414		46
56	186	10	391	10	269	9	282	10	2835	81	315	9
57	178	9	382	12	260	9	272	10	2754	90	306	10
58	170	8	370	11	251	9	262	10	2664	90	296	10
59	161	8	359	12	241	9	252	10	2574	90	286	10
60	153	8	347	12	235	9	242	10	2484	90	276	10
Σ		40		57		45		50		441		49
61	145	8	355	12	232	11	205	11	2394	90	266	10
62	137	7	345	13	222	11	192	12	2304	90	256	10
63	130	7	312	13	213	11	180	12	2216	99	246	11
64	123	8	299	13	203	11	168	11	2116	99	235	11
65	115	8	299	13	191	10	157	12	2018	90	224	11
Σ		40		64		46		51		477		53
66	109	7	274	11	182	10	145	11	1917	90	215	10
67	101	7	265	13	172	10	131	12	1827	99	205	11
68	94	7	250	14	162	10	118	12	1728	99	192	11
69	87	7	236	13	152	11	106	11	1629	99	181	11
70	80	7	223	13	141	10	93	11	1530	99	170	11
Σ		36		64		46		51		486		54
71	75	5	210	12	131	9	90	10	1431	90	159	10
72	68	6	198	13	121	9	80	11	1341	99	149	11
73	62	5	185	13	114	10	70	11	1242	99	138	11
74	57	5	172	14	104	9	59	10	1145	99	127	11
75	51	4	158	15	94	9	50	11	1044	90	116	11
Σ		25		65		46		53		486		54
76	48	4	145	13	87	9	42	10	945	90	105	10
77	44	4	132	13	78	9	35	10	855	90	95	10
78	40	5	119	13	69	9	28	9	765	90	85	9
79	37	5	106	13	60	7	21	9	675	81	75	9
80	34	4	93	13	51	8	16	9	594	81	66	9
Σ		18		65		42		48		432		46
81	30	5	80	12	34	6	13	7	513	72	57	8
82	27	4	68	10	28	6	11	7	441	63	49	7
83	23	4	58	8	24	5	9	7	378	54	42	6
84	20	4	50	9	20	5	7	7	324	54	36	6
85	16	3	41	9	17	5	6	7	270	54	30	6
Σ		17		48		29		36		297		33
86	13	3	32	8	14	4	5	5	216	45	24	4
87	9	3	24	7	11	3	4	5	171	36	19	4
88	6	2	17	5	8	3	3	4	135	27	15	3
89	4	2	13	5	5	3	2	4	108	27	12	3
90	2	2	8	4	4	2	1	3	81	27	9	2
Σ		13		29		12		18		162		18
91	…	…	3	…	…	…	…	…	54	27	6	…
92	…	…	…	…	…	…	…	…	27	18	5	…
93	…	…	…	…	…	…	…	…	9	9	…	…
Σ		…		3		5		…		54		6

N°. 2.

TABLEAU COMPARATIF des probabilités qu'il y a de parvenir aux âges avancés, suivant l'âge auquel on entrera en cotisation.

AGE.	CLASSE de 1 an.	CLASSE de 6 ans.	CLASSE de 11 ans.	CLASSE de 16 ans.	CLASSE de 21 ans.	CLASSE de 26 ans.	CLASSE de 31 ans.	CLASSE de 36 ans.	CLASSE de 41 ans.	CLASSE de 46 ans.
1	1000									
2	865									
3	812									
4	780									
5	758									
6	739	1000								
7	722	977								
8	707	957								
9	694	939								
10	683	924								
11	674	912	1000							
12	667	903	990							
13	660	894	980							
14	654	885	971							
15	648	878	962							
16	642	870	953	1000						
17	635	861	943	989						
18	629	855	934	980						
19	622	844	924	969						
20	616	836	915	960						
21	609	826	905	949	1000					
22	602	817	895	938	989					
23	595	807	885	927	977					
24	587	796	875	915	964					
25	579	785	861	903	951					
26	571	774	849	891	938	1000				
27	563	763	837	879	925	986				
28	555	752	825	867	912	972				
29	547	741	813	855	899	958				
30	539	730	801	842	886	944				
31	530	718	788	828	871	928	1000			
32	522	707	776	816	858	914	985			
33	514	696	764	803	845	900	970			
34	506	685	752	791	832	886	955			
35	498	674	740	778	819	872	940			
36	489	662	727	765	804	858	923	1000		
37	481	651	715	752	791	843	908	984		
38	473	640	703	739	778	828	893	968		
39	465	629	691	727	765	814	878	952		
40	457	618	679	714	752	800	863	936		
41	449	607	667	702	739	786	848	920	1000	
42	441	596	655	689	726	772	835	904	982	
43	433	585	643	677	713	758	818	888	964	
44	424	575	630	663	698	742	801	870	944	
45	415	551	617	649	685	726	784	852	924	
46	406	549	604	635	668	710	767	834	904	1000
47	397	537	591	621	655	694	750	815	884	978
48	388	525	578	607	638	678	733	798	864	956
49	379	513	565	593	623	662	716	779	844	934
50	370	501	552	579	608	646	699	761	824	912
51	361	489	539	565	593	630	682	742	804	890
52	352	477	526	551	578	614	665	724	784	868
53	343	466	513	537	563	598	648	705	764	846
54	334	455	500	523	548	582	631	687	744	824
55	325	444	487	509	533	566	614	668	724	802
56	315	427	472	493	517	549	595	647	702	780
57	306	415	459	479	502	533	578	629	682	755
58	296	401	444	463	486	516	559	608	660	730
59	286	387	429	447	470	499	540	587	638	705
60	276	373	414	431	454	482	521	566	615	686
61	266	359	400	416	438	465	505	545	594	665
62	256	345	385	400	422	448	485	525	572	636
63	246	332	369	385	430	430	464	504	550	605
64	235	319	363	366	411	443	481	500	525	578
65	224	301	336	349	371	399	422	458	500	551
66	213	287	319	332	352	375	401	436	473	516
67	203	274	304	316	335	355	382	416	453	499
68	192	262	288	299	317	336	361	393	428	472
69	181	244	272	282	299	317	340	370	405	445
70	170	229	256	265	281	298	319	348	379	418
71	159	214	240	248	263	279	298	325	354	391
72	149	201	225	232	246	261	279	305	332	366
73	138	186	208	215	228	242	258	283	307	339
74	127	171	191	198	210	223	237	260	283	312
75	116	156	174	181	192	204	216	237	258	285
76	105	141	157	164	174	185	196	215	234	258
77	95	128	142	148	157	167	176	195	212	233
78	85	115	127	132	140	149	157	174	190	208
79	75	101	112	116	124	131	139	154	168	184
80	66	89	98	102	109	115	122	136	148	162
81	57	77	85	88	94	99	105	117	128	140
82	49	65	73	76	81	85	90	101	110	120
83	42	57	65	65	69	72	77	87	94	103
84	36	49	54	56	59	62	66	75	81	88
85	30	41	45	47	49	52	55	61	67	73
86	24	33	36	38	39	42	44	50	54	58
87	19	26	28	30	31	33	35	40	43	46
88	15	21	22	24	24	26	28	32	34	37
89	12	17	18	19	19	21	21	26	27	29
90	9	13	13	14	14	16	16	19	20	22
91	6	9	9	9	9	11	11	13	13	15
92	5	4	4	4	4	6	6	6	6	7
93	2	2	2	2	2	2	2	2	2	2
94		1	1	2	1		1	1	1	1

TABLEAU de ce que devra payer chaque individu de l'âge de un à cinquante ans, suivant l'époque à laquelle il commencera à faire ses placemens, soit annuels soit en une seule fois ; avec droit au remboursement des capitaux, ou au secours ou sans secours en maladie.

AGE.	PAIEMENS ANNUELS avec remboursement.		PAIEMENS EN UNE SEULE FOIS avec remboursement.		PAIEMENS ANNUELS				PAIEMENS EN SEULE FOIS			
					AVEC SECOURS.		SANS SECOURS.		AVEC SECOURS		SANS SECOURS.	
1	22	80	348	»	16	50	13	»	240	10	188	85
2	24	60	371	60	17	68	13	92	270	55	212	65
3	26	40	395	20	18	86	14	84	300	96	236	41
4	28	20	418	80	20	04	15	76	331	39	260	19
5	30	»	442	40	21	22	16	68	361	82	285	97
6	31	80	466	»	22	40	17	60	392	25	307	75
7	34	[illegible]	498	74	[illegible]	[illegible]	[illegible]	[illegible]	419	06	328	[illegible]
8	37	52	531	48	25	52	20	06	445	87	350	09
9	40	38	564	22	27	08	21	29	472	68	371	26
10	43	24	596	96	28	64	22	52	499	49	392	43
11	46	10	629	70	30	20	23	75	526	50	413	60
12	50	38	672	96	32	16	25	36	552	70	435	49
13	54	66	716	22	34	12	26	97	579	10	457	38
14	58	94	759	48	36	08	28	58	605	50	479	27
15	63	22	802	74	38	04	30	19	631	90	501	16
16	67	50	846	»	40	»	31	80	658	30	523	05
17	74	90	911	82	42	42	34	23	685	0	552	53
18	82	30	977	64	44	84	36	66	715	10	582	01
19	89	70	1,043	46	47	26	39	09	740	50	611	49
20	97	10	1,109	28	49	68	41	52	767	90	640	97
21	104	50	1,175	10	52	10	43	95	795	30	670	45
22	117	56	1,275	08	55	74	47	60	851	84	709	57
23	130	62	1,375	06	59	38	51	25	868	38	748	29
24	143	68	1,475	4	63	02	54	90	904	92	787	21
25	156	74	1,575	02	66	66	58	55	941	46	826	13
26	169	80	1,675	»	70	30	62	20	978	»	865	05
27	195	90	1,838	70	76	18	68	10	1,028	58	918	36
28	222	»	2,002	40	82	06	74	»	1,079	16	971	67
29	248	10	2,166	10	87	94	79	90	1,129	74	1,024	98
30	274	20	2,329	80	93	82	85	80	1,180	52	1,078	29
31	300	30	2,493	50	99	70	91	70	1,230	90	1,131	60
32	362	44	2,796	20	110	50	102	32	1,301	52	1,205	49
33	424	58	3,098	90	120	90	112	94	1,371	74	1,279	38
34	486	72	3,401	60	131	50	123	56	1,442	16	1,353	27
35	548	86	3,704	30	142	10	134	18	1,512	58	1,427	16
36	611	»	4,007	»	152	70	144	80	1,583	»	1,501	05
37	808	35	4,673	80	174	84	167	»	1,675	12	1,597	73
38	1,005	70	5,340	60	196	98	189	20	1,767	24	1,694	41
39	1,203	05	6,007	40	219	12	211	40	1,859	36	1,791	09
40	1,400	40	6,674	20	241	26	235	60	1,951	48	1,887	77
41	1,597	75	7,341	»	263	40	255	80	2,043	60	1,984	45
42	2,879	50	9,751	40	332	22	324	79	2,173	64	2,120	51
43	4,161	25	12,161	80	401	04	393	78	2,303	68	2,256	17
44	5,443	»	14,572	20	469	86	462	77	2,435	72	2,392	05
45	6,724	75	16,982	60	538	68	551	76	2,563	76	2,527	89
46	8,006	50	19,393	»	607	50	600	75	2,695	80	2,663	75
47	25,630	20	32,739	40	1,175	»	1,169	69	2,841	04	2,820	»
48	39,253	90	46,085	80	1,742	50	1,738	45	2,994	28	2,976	23
49	54,877	60	59,432	20	2,310	»	2,507	50	3,144	52	3,131	50
50	70,501	50	72,778	60	2,877	50	2,876	15	3,294	76	3,288	75

N.° 4.

PAIEMENT ANNUEL, remboursable aux Actionnaires.

Âge de 16 ans.

TABLEAU de Progression d'une somme de 67 fr. 50 c. payée annuellement par 1,000 Individus de l'âge de 16 à 50 ans, dont le nombre des paiemens faits sera remboursable aux Actionnaires parvenus à l'âge de 50 ans accomplis, ou à leurs Héritiers, s'ils décèdent avant cet âge.

AGE	Nombre des Individus existans à chaque âge	SOMMES versées	INTÉRÊT des Sommes versées	COTISATION de l'Année	TOTAL	Nombre des Décès de chaque Année	Nombre des paiemens par les décédés	Nombre des paiemens à rembourser	SOMMES à rembourser aux Héritiers	RESTE NET
		fr. c.	fr. c.	fr. c.	fr. c.				fr. c.	fr. c.
16	1,000	» »	» »	67,500 »	67,500 »	11	»	12	742 50	66,757 50
17	989	66,757 50	4,070 30	66,757 50	136,185 30	9	»	18	1,215 »	134,970 30
18	980	134,970 30	8,898 81	66,150 11	206,019 11	11	5	33	2,227 80	205,791 61
19	969	206,091 61	8,171 64	65,502 30	277,870 77	9	4	36	2,613 »	273,544 77
20	960	273,544 77	11,017 63	64,800 »	351,288 40	11	5	51	3,721 30	353,562 90
21	949	353,562 90	13,901 83	64,287 30	421,500 23	11	6	66	4,615 »	421,030 23
22	938	421,030 23	16,862 »	63,315 »	501,207 23	11	7	77	6,197 80	496,009 73
23	927	496,009 73	19,850 39	62,652 30	578,512 42	11	8	96	6,486 »	571,026 42
24	916	571,026 42	22,877 30	61,462 30	636,682 42	11	9	108	7,070 »	629,612 42
25	903	629,612 42	25,952 72	60,962 30	736,617 42	11	10	120	8,100 »	728,517 42
26	894	728,517 42	29,146 68	60,142 30	817,384 20	11	11	132	8,910 »	808,474 20
27	883	808,474 20	32,826 96	59,532 30	900,148 66	12	12	144	9,720 »	890,425 66
28	871	890,425 66	35,617 »	58,522 30	984,563 18	12	13	156	10,530 »	974,035 18
29	859	974,035 18	38,961 40	57,714 30	1,070,710 98	13	14	182	12,285 »	1,058,425 08
30	846	1,058,425 08	42,336 96	56,835 »	1,157,596 04	16	15	210	14,175 »	1,143,421 04
31	830	1,143,421 04	45,736 64	56,890 »	1,245,047 88	12	16	192	12,960 »	1,232,087 88
32	818	1,232,087 88	49,283 80	55,080 »	1,336,451 39	12	17	204	14,317 30	1,321,533 89
33	806	1,321,533 89	52,861 34	55,000 30	1,418,397 74	12	18	216	14,580 »	1,404,017 75
34	794	1,404,017 75	56,560 70	55,592 30	1,525,070 94	13	19	247	16,672 30	1,507,398 44
35	781	1,507,398 44	60,295 98	52,315 »	1,620,105 37	16	20	280	18,900 »	1,601,205 37
36	765	1,601,205 37	64,068 21	51,570 »	1,716,813 58	13	21	231	15,010 »	1,659,813 58
37	752	1,659,813 58	67,092 51	50,760 »	1,808,366 12	13	22	286	19,305 »	1,789,061 12
38	739	1,789,061 12	71,920 66	60,882 30	1,921,114 16	13	23	376	18,830 »	1,902,284 16
39	727	[illegible]	[illegible]	[illegible]	[illegible]	13	24	312	[illegible]	2,006,262 01
40	714	2,006,262 91	80,263 85	55,135 »	2,151,064 75	12	25	300	20,250 »	2,116,804 75
41	702	2,116,804 75	84,691 19	46,385 »	2,246,781 54	13	26	338	22,815 »	2,223,966 96
42	689	2,223,966 96	88,958 27	46,807 30	2,359,493 11	12	27	324	21,890 »	2,337,563 11
43	677	2,337,563 11	93,502 61	44,697 30	2,476,763 13	14	28	392	26,480 »	2,450,303 13
44	663	2,450,303 13	98,012 12	44,754 30	2,593,067 73	14	29	406	27,405 »	2,565,662 73
45	649	2,565,662 73	102,626 51	43,807 30	2,712,096 76	16	30	480	28,350 »	2,683,746 76
46	633	2,683,746 76	107,349 87	43,862 30	2,834,959 18	16	31	496	29,295 »	2,804,664 13
47	617	2,804,664 13	112,186 56	41,917 30	2,958,768 19	14	32	448	30,240 »	2,928,528 19
48	603	2,928,528 19	117,141 12	44,073 30	3,086,641 81	14	33	462	31,185 »	3,055,456 81
49	589	3,055,456 81	122,218 23	[illegible]	[illegible] 88	16	34	476	32,130 »	3,185,572 88
50	573	3,185,572 88	127,422 90	52,082 30	3,364,077 98	16	35	490	33,075 »	3,329,002 98
51	558	3,329,002 98	» »	» »	3,329,002 98	558	36	19,573	2,354,812 30	2,984,090 48

TABLEAU des époques de la jouissance de la Pension progressive.

AGE	Nombre des Individus existans à chaque âge	SOMMES versées	INTÉRÊT des Sommes versées	TOTAL	PENSION à payer	RESTE NET
		fr. c.	fr. c.	fr. c.	fr. c.	fr. c.

Pension de 200 francs à 51 Ans.

51	565	1,936,190 45	78,167 51	2,063,350 09	112,000 »	1,960,538 09
52	551	1,960,538 09	78,022 30	2,098,580 41	112,200 »	1,918,380 41
53	537	1,918,380 41	76,735 21	2,093,115 60	107,400 »	1,867,925 60
54	523	1,867,715 60	75,308 62	1,918,124 24	104,100 »	1,888,625 24
55	509	1,859,625 24	74,364 96	1,934,989 20	101,800 »	1,781,189 20

Pension de 250 francs à 56 Ans.

56	493	1,781,189 30	73,266 76	2,006,419 96	123,150 »	1,781,185 96
57	479	1,781,185 96	71,266 53	1,852,412 69	119,530 »	1,732,862 59
58	463	1,732,862 59	69,306 30	1,801,969 09	112,150 »	1,686,819 09
59	447	1,686,019 09	67,448 96	1,723,887 63	112,730 »	1,861,917 93
60	431	1,861,917 83	65,676 71	1,797,394 30	107,780 »	1,699,864 56

Pension de 300 francs à 61 Ans.

61	415	1,599,864 56	63,975 78	1,655,838 34	123,500 »	1,639,338 34
62	399	1,639,338 34	61,573 38	1,600,902 87	119,700 »	1,681,211 87
63	383	1,681,211 87	62,540 37	1,660,380 24	114,900 »	1,545,580 34
64	366	1,646,580 34	57,022 41	1,480,382 75	[illegible]	1,376,782 75
65	349	1,371,980 75	54,951 51	1,427,098 06	104,700 »	1,312,994 06

Pension de 400 francs à 66 Ans.

66	332	1,300,994 06	52,719 76	1,378,918 82	132,800 »	1,243,113 82
67	316	1,243,113 82	49,724 55	1,292,838 37	126,400 »	1,166,438 37
68	300	1,166,438 37	46,657 85	1,213,095 90	119,800 »	1,093,695 90
69	282	1,093,695 90	43,739 88	1,157,035 78	112,600 »	1,004,435 73
70	266	1,004,435 73	40,977 61	1,065,413 15	106,000 »	959,413 15

Pension de 500 francs à 71 Ans.

71	248	959,413 15	38,376 52	997,789 67	144,000 »	825,789 67
72	232	873,789 67	34,951 58	908,741 05	116,000 »	792,741 05
73	215	792,741 05	31,709 65	826,450 90	109,700 »	716,450 90
74	198	716,950 90	28,678 03	745,608 93	99,000 »	646,608 93
75	181	646,608 93	25,788 03	672,496 06	90,500 »	581,996 06

Pension de 600 francs à 76 Ans, jusqu'au dernier moment de la vie.

76	164	581,996 06	23,279 84	605,275 85	98,800 »	506,475 85
77	148	506,475 85	20,274 95	627,748 79	88,800 »	438,948 79
78	132	438,948 79	17,183 30	435,882 74	79,200 »	376,682 74
79	118	376,682 74	15,067 80	391,750 04	69,600 »	322,150 04
80	103	322,150 04	12,886 »	355,036 04	61,200 »	273,836 04
81	88	273,836 04	10,953 44	284,789 48	52,840 »	231,989 48
82	75	231,989 48	9,279 57	241,269 05	47,600 »	195,669 05
83	63	195,669 05	7,826 76	203,495 81	79,000 »	165,495 81
84	56	165,495 81	6,329 88	171,825 64	33,800 »	137,425 64
85	47	137,425 64	5,489 02	142,914 66	26,280 »	116,374 66
86	36	116,774 66	4,540 98	119,185 64	21,800 »	96,369 64
87	30	96,565 66	3,890 80	100,456 46	26,040 »	60,419 06
88	16	80,418 46	3,197 13	85,725 39	14,400 »	71,325 39
89	19	71,325 39	2,883 01	76,078 40	11,400 »	64,278 40
90	14	64,778 40	2,511 03	68,289 85	8,400 »	56,889 85
91	9	66,889 83	2,273 21	69,183 11	5,440 »	53,763 11
92	6	53,763 11	2,146 61	55,616 33	2,400 »	50,313 11
93	[illegible]	[illegible]	2,178 21	56,685 34	1,200 »	54,485 33

N°. 4 (Bis).

PAIEMENT
EN UNE SEULE FOIS,
remboursable aux Actionnaires.

Age de 16 ans.

TABLEAU de Progression d'une somme capitale de 846 fr. payable en une seule fois, par 1,000 Individus de l'âge de 16 ans, pour parvenir à la jouissance des Pensions successives à l'âge de 51 ans, et au remboursement du capital à faire aux Actionnaires parvenus à cet âge, ou à leurs Héritiers, s'ils décèdent avant le terme de la jouissance des pensions successives.

AGE	Nombre des Individus existans à chaque âge	SOMMES RESTANTES (fr. c.)	INTÉRÊT des Sommes restantes (fr. c.)	TOTAL (fr. c.)	Nombre des Décès de chaque année	SOMMES à rembourser aux Héritiers (fr. c.)	RESTE NET (fr. c.)
16	[illegible]	[illegible]	[illegible]	846,000	[illegible]	[illegible]	[illegible]
17	[illegible]	[illegible]	[illegible]	[illegible]	[illegible]	[illegible]	[illegible]
18	[illegible]	[illegible]	[illegible]	[illegible]	[illegible]	[illegible]	[illegible]
19	[illegible]	[illegible]	[illegible]	[illegible]	[illegible]	[illegible]	[illegible]
20	[illegible]	[illegible]	[illegible]	[illegible]	[illegible]	[illegible]	[illegible]
21	[illegible]	[illegible]	[illegible]	[illegible]	[illegible]	[illegible]	[illegible]
22	[illegible]	[illegible]	[illegible]	[illegible]	[illegible]	[illegible]	[illegible]
23	[illegible]	[illegible]	[illegible]	[illegible]	[illegible]	[illegible]	[illegible]
24	[illegible]	[illegible]	[illegible]	[illegible]	[illegible]	[illegible]	[illegible]
25	[illegible]	[illegible]	[illegible]	[illegible]	[illegible]	[illegible]	[illegible]
26	[illegible]	[illegible]	[illegible]	[illegible]	[illegible]	[illegible]	[illegible]
27	[illegible]	[illegible]	[illegible]	[illegible]	[illegible]	[illegible]	[illegible]
28	[illegible]	[illegible]	[illegible]	[illegible]	[illegible]	[illegible]	[illegible]
29	[illegible]	[illegible]	[illegible]	[illegible]	[illegible]	[illegible]	[illegible]
30	[illegible]	[illegible]	[illegible]	[illegible]	[illegible]	[illegible]	[illegible]
31	[illegible]	[illegible]	[illegible]	[illegible]	[illegible]	[illegible]	[illegible]
32	[illegible]	[illegible]	[illegible]	[illegible]	[illegible]	[illegible]	[illegible]
33	[illegible]	[illegible]	[illegible]	[illegible]	[illegible]	[illegible]	[illegible]
34	[illegible]	[illegible]	[illegible]	[illegible]	[illegible]	[illegible]	[illegible]
35	[illegible]	[illegible]	[illegible]	[illegible]	[illegible]	[illegible]	[illegible]
36	[illegible]	[illegible]	[illegible]	[illegible]	[illegible]	[illegible]	[illegible]
37	[illegible]	[illegible]	[illegible]	[illegible]	[illegible]	[illegible]	[illegible]
38	[illegible]	[illegible]	[illegible]	[illegible]	[illegible]	[illegible]	[illegible]
39	[illegible]	[illegible]	[illegible]	[illegible]	[illegible]	[illegible]	[illegible]
40	[illegible]	[illegible]	[illegible]	[illegible]	[illegible]	[illegible]	[illegible]
41	[illegible]	[illegible]	[illegible]	[illegible]	[illegible]	[illegible]	[illegible]
42	[illegible]	[illegible]	[illegible]	[illegible]	[illegible]	[illegible]	[illegible]
43	[illegible]	[illegible]	[illegible]	[illegible]	[illegible]	[illegible]	[illegible]
44	[illegible]	[illegible]	[illegible]	[illegible]	[illegible]	[illegible]	[illegible]
45	[illegible]	[illegible]	[illegible]	[illegible]	[illegible]	[illegible]	[illegible]
46	[illegible]	[illegible]	[illegible]	[illegible]	[illegible]	[illegible]	[illegible]
47	[illegible]	[illegible]	[illegible]	[illegible]	[illegible]	[illegible]	[illegible]
48	[illegible]	[illegible]	[illegible]	[illegible]	[illegible]	[illegible]	[illegible]
49	[illegible]	[illegible]	[illegible]	[illegible]	[illegible]	[illegible]	[illegible]
50	[illegible]	[illegible]	[illegible]	[illegible]	[illegible]	[illegible]	[illegible]
51	[illegible]	[illegible]	[illegible]	[illegible]	[illegible]	[illegible]	[illegible]

TABLEAU des époques de la jouissance de la Pension progressive.

AGE	Nombre des Individus existans à chaque âge	SOMMES RESTANTES (fr. c.)	INTÉRÊT des Sommes restantes (fr. c.)	TOTAL (fr. c.)	PENSION à PAYER (fr. c.)	RESTE NET (fr. c.)
Pension de 200 francs à 51 Ans.						
51	[illegible]	[illegible]	[illegible]	[illegible]	[illegible]	[illegible]
52	[illegible]	[illegible]	[illegible]	[illegible]	[illegible]	[illegible]
53	[illegible]	[illegible]	[illegible]	[illegible]	[illegible]	[illegible]
54	[illegible]	[illegible]	[illegible]	[illegible]	[illegible]	[illegible]
55	[illegible]	[illegible]	[illegible]	[illegible]	[illegible]	[illegible]
Pension de 250 francs à 56 Ans.						
56	[illegible]	[illegible]	[illegible]	[illegible]	[illegible]	[illegible]
57	[illegible]	[illegible]	[illegible]	[illegible]	[illegible]	[illegible]
58	[illegible]	[illegible]	[illegible]	[illegible]	[illegible]	[illegible]
59	[illegible]	[illegible]	[illegible]	[illegible]	[illegible]	[illegible]
60	[illegible]	[illegible]	[illegible]	[illegible]	[illegible]	[illegible]
Pension de 300 francs à 61 Ans.						
61	[illegible]	[illegible]	[illegible]	[illegible]	[illegible]	[illegible]
62	[illegible]	[illegible]	[illegible]	[illegible]	[illegible]	[illegible]
63	[illegible]	[illegible]	[illegible]	[illegible]	[illegible]	[illegible]
64	[illegible]	[illegible]	[illegible]	[illegible]	[illegible]	[illegible]
65	[illegible]	[illegible]	[illegible]	[illegible]	[illegible]	[illegible]
Pension de 400 francs à 66 Ans.						
66	[illegible]	[illegible]	[illegible]	[illegible]	[illegible]	[illegible]
67	[illegible]	[illegible]	[illegible]	[illegible]	[illegible]	[illegible]
68	[illegible]	[illegible]	[illegible]	[illegible]	[illegible]	[illegible]
69	[illegible]	[illegible]	[illegible]	[illegible]	[illegible]	[illegible]
70	[illegible]	[illegible]	[illegible]	[illegible]	[illegible]	[illegible]
Pension de 500 francs à 71 Ans.						
71	[illegible]	[illegible]	[illegible]	[illegible]	[illegible]	[illegible]
72	[illegible]	[illegible]	[illegible]	[illegible]	[illegible]	[illegible]
73	[illegible]	[illegible]	[illegible]	[illegible]	[illegible]	[illegible]
74	[illegible]	[illegible]	[illegible]	[illegible]	[illegible]	[illegible]
75	[illegible]	[illegible]	[illegible]	[illegible]	[illegible]	[illegible]
Pension de 600 francs à 76 Ans, jusqu'au dernier moment de la vie.						
76	[illegible]	[illegible]	[illegible]	[illegible]	[illegible]	[illegible]
77	[illegible]	[illegible]	[illegible]	[illegible]	[illegible]	[illegible]
78	[illegible]	[illegible]	[illegible]	[illegible]	[illegible]	[illegible]
79	[illegible]	[illegible]	[illegible]	[illegible]	[illegible]	[illegible]
80	[illegible]	[illegible]	[illegible]	[illegible]	[illegible]	[illegible]
81	[illegible]	[illegible]	[illegible]	[illegible]	[illegible]	[illegible]
82	[illegible]	[illegible]	[illegible]	[illegible]	[illegible]	[illegible]
83	[illegible]	[illegible]	[illegible]	[illegible]	[illegible]	[illegible]
84	[illegible]	[illegible]	[illegible]	[illegible]	[illegible]	[illegible]
85	[illegible]	[illegible]	[illegible]	[illegible]	[illegible]	[illegible]
86	[illegible]	[illegible]	[illegible]	[illegible]	[illegible]	[illegible]
87	[illegible]	[illegible]	[illegible]	[illegible]	[illegible]	[illegible]
88	[illegible]	[illegible]	[illegible]	[illegible]	[illegible]	[illegible]
89	[illegible]	[illegible]	[illegible]	[illegible]	[illegible]	[illegible]
90	[illegible]	[illegible]	[illegible]	[illegible]	[illegible]	[illegible]
91	[illegible]	[illegible]	[illegible]	[illegible]	[illegible]	[illegible]
92	[illegible]	[illegible]	[illegible]	[illegible]	[illegible]	[illegible]
93	[illegible]	[illegible]	[illegible]	[illegible]	[illegible]	[illegible]

TABLEAU de Progression d'une somme de 40 fr. payée annuellement par 1,000 Individus de l'âge pris à 16 ans et probablement en vie aux diverses périodes jusqu'à l'âge de 51 ans, déduction faite des secours accordés pour maladies.

CLASSE de 16 Ans.

AGE.	Nombre des Individus	SOMMES restantes.	INTÉRÊT des Sommes restantes.	COTISATION de l'année.	TOTAL.	Nombre de jours de maladie.	DÉPENSE pour Maladie.	RESTE NET.
16	1,000	[illegible]	[illegible]	40,000	40,000	[illegible]	[illegible]	40,000
17	[illegible]	40,000	1,800	39,560	81,160	[illegible]	8,653	[illegible]
18	[illegible]	[illegible]	[illegible]	[illegible]	[illegible]	[illegible]	[illegible]	[illegible]
19	[illegible]	[illegible]	[illegible]	[illegible]	[illegible]	[illegible]	[illegible]	[illegible]
20	[illegible]	[illegible]	[illegible]	[illegible]	[illegible]	[illegible]	[illegible]	[illegible]
21	[illegible]	[illegible]	[illegible]	[illegible]	[illegible]	[illegible]	[illegible]	[illegible]
22	[illegible]	[illegible]	[illegible]	[illegible]	[illegible]	[illegible]	[illegible]	[illegible]
23	[illegible]	[illegible]	[illegible]	[illegible]	[illegible]	[illegible]	[illegible]	[illegible]
24	[illegible]	[illegible]	[illegible]	[illegible]	[illegible]	[illegible]	[illegible]	[illegible]
25	[illegible]	[illegible]	[illegible]	[illegible]	[illegible]	[illegible]	[illegible]	[illegible]
26	[illegible]	[illegible]	[illegible]	[illegible]	[illegible]	[illegible]	[illegible]	[illegible]
27	[illegible]	[illegible]	[illegible]	[illegible]	[illegible]	[illegible]	[illegible]	[illegible]
28	[illegible]	[illegible]	[illegible]	[illegible]	[illegible]	[illegible]	[illegible]	[illegible]
29	[illegible]	[illegible]	[illegible]	[illegible]	[illegible]	[illegible]	[illegible]	[illegible]
30	[illegible]	[illegible]	[illegible]	[illegible]	[illegible]	[illegible]	[illegible]	[illegible]
31	[illegible]	[illegible]	[illegible]	[illegible]	[illegible]	[illegible]	[illegible]	[illegible]
32	[illegible]	[illegible]	[illegible]	[illegible]	[illegible]	[illegible]	[illegible]	[illegible]
33	[illegible]	[illegible]	[illegible]	[illegible]	[illegible]	[illegible]	[illegible]	[illegible]
34	[illegible]	[illegible]	[illegible]	[illegible]	[illegible]	[illegible]	[illegible]	[illegible]
35	[illegible]	[illegible]	[illegible]	[illegible]	[illegible]	[illegible]	[illegible]	[illegible]
36	[illegible]	[illegible]	[illegible]	[illegible]	[illegible]	[illegible]	[illegible]	[illegible]
37	[illegible]	[illegible]	[illegible]	[illegible]	[illegible]	[illegible]	[illegible]	[illegible]
38	[illegible]	[illegible]	[illegible]	[illegible]	[illegible]	[illegible]	[illegible]	[illegible]
39	[illegible]	[illegible]	[illegible]	[illegible]	[illegible]	[illegible]	[illegible]	[illegible]
40	[illegible]	[illegible]	[illegible]	[illegible]	[illegible]	[illegible]	[illegible]	[illegible]
41	[illegible]	[illegible]	[illegible]	[illegible]	[illegible]	[illegible]	[illegible]	[illegible]
42	[illegible]	[illegible]	[illegible]	[illegible]	[illegible]	[illegible]	[illegible]	[illegible]
43	[illegible]	[illegible]	[illegible]	[illegible]	[illegible]	[illegible]	[illegible]	[illegible]
44	[illegible]	[illegible]	[illegible]	[illegible]	[illegible]	[illegible]	[illegible]	[illegible]
45	[illegible]	[illegible]	[illegible]	[illegible]	[illegible]	[illegible]	[illegible]	[illegible]
46	[illegible]	[illegible]	[illegible]	[illegible]	[illegible]	[illegible]	[illegible]	[illegible]
47	[illegible]	[illegible]	[illegible]	[illegible]	[illegible]	[illegible]	[illegible]	[illegible]
48	[illegible]	[illegible]	[illegible]	[illegible]	[illegible]	[illegible]	[illegible]	[illegible]
49	[illegible]	[illegible]	[illegible]	[illegible]	[illegible]	[illegible]	[illegible]	[illegible]
50	[illegible]	[illegible]	[illegible]	[illegible]	[illegible]	[illegible]	[illegible]	[illegible]

TABLEAU des époques de la jouissance de la Pension progressive.

AGE.	Nombre des Individus existans à chaque Age.	SOMMES restantes.	INTÉRÊT des Sommes remises.	TOTAL.	PENSION à payer.	RESTE NET.
			Pension de 200 francs à 51 Ans.			
51	[illegible]	[illegible]	[illegible]	[illegible]	[illegible]	[illegible]
52	[illegible]	[illegible]	[illegible]	[illegible]	[illegible]	[illegible]
53	[illegible]	[illegible]	[illegible]	[illegible]	[illegible]	[illegible]
54	[illegible]	[illegible]	[illegible]	[illegible]	[illegible]	[illegible]
55	[illegible]	[illegible]	[illegible]	[illegible]	[illegible]	[illegible]
			Pension de 250 francs à 56 Ans.			
56	[illegible]	[illegible]	[illegible]	[illegible]	[illegible]	[illegible]
57	[illegible]	[illegible]	[illegible]	[illegible]	[illegible]	[illegible]
58	[illegible]	[illegible]	[illegible]	[illegible]	[illegible]	[illegible]
59	[illegible]	[illegible]	[illegible]	[illegible]	[illegible]	[illegible]
60	[illegible]	[illegible]	[illegible]	[illegible]	[illegible]	[illegible]
			Pension de 500 francs à 61 Ans.			
61	[illegible]	[illegible]	[illegible]	[illegible]	[illegible]	[illegible]
62	[illegible]	[illegible]	[illegible]	[illegible]	[illegible]	[illegible]
63	[illegible]	[illegible]	[illegible]	[illegible]	[illegible]	[illegible]
64	[illegible]	[illegible]	[illegible]	[illegible]	[illegible]	[illegible]
65	[illegible]	[illegible]	[illegible]	[illegible]	[illegible]	[illegible]
			Pension de 400 francs à 65 Ans.			
66	[illegible]	[illegible]	[illegible]	[illegible]	[illegible]	[illegible]
67	[illegible]	[illegible]	[illegible]	[illegible]	[illegible]	[illegible]
68	[illegible]	[illegible]	[illegible]	[illegible]	[illegible]	[illegible]
69	[illegible]	[illegible]	[illegible]	[illegible]	[illegible]	[illegible]
70	[illegible]	[illegible]	[illegible]	[illegible]	[illegible]	[illegible]
			Pension de 500 francs à 71 Ans.			
71	[illegible]	[illegible]	[illegible]	[illegible]	[illegible]	[illegible]
72	[illegible]	[illegible]	[illegible]	[illegible]	[illegible]	[illegible]
73	[illegible]	[illegible]	[illegible]	[illegible]	[illegible]	[illegible]
74	[illegible]	[illegible]	[illegible]	[illegible]	[illegible]	[illegible]
75	[illegible]	[illegible]	[illegible]	[illegible]	[illegible]	[illegible]
			Pension de 600 francs à 76 Ans, jusqu'au dernier moment de la vie.			
76	[illegible]	[illegible]	[illegible]	[illegible]	[illegible]	[illegible]
77	[illegible]	[illegible]	[illegible]	[illegible]	[illegible]	[illegible]
78	[illegible]	[illegible]	[illegible]	[illegible]	[illegible]	[illegible]
79	[illegible]	[illegible]	[illegible]	[illegible]	[illegible]	[illegible]
80	[illegible]	[illegible]	[illegible]	[illegible]	[illegible]	[illegible]
81	[illegible]	[illegible]	[illegible]	[illegible]	[illegible]	[illegible]
82	[illegible]	[illegible]	[illegible]	[illegible]	[illegible]	[illegible]
83	[illegible]	[illegible]	[illegible]	[illegible]	[illegible]	[illegible]
84	[illegible]	[illegible]	[illegible]	[illegible]	[illegible]	[illegible]
85	[illegible]	[illegible]	[illegible]	[illegible]	[illegible]	[illegible]
86	[illegible]	[illegible]	[illegible]	[illegible]	[illegible]	[illegible]
87	[illegible]	[illegible]	[illegible]	[illegible]	[illegible]	[illegible]
88	[illegible]	[illegible]	[illegible]	[illegible]	[illegible]	[illegible]
89	[illegible]	[illegible]	[illegible]	[illegible]	[illegible]	[illegible]
90	[illegible]	[illegible]	[illegible]	[illegible]	[illegible]	[illegible]
91	[illegible]	[illegible]	[illegible]	[illegible]	[illegible]	[illegible]
92	[illegible]	[illegible]	[illegible]	[illegible]	[illegible]	[illegible]
93	[illegible]	[illegible]	[illegible]	[illegible]	[illegible]	[illegible]
94	[illegible]	[illegible]	[illegible]	[illegible]	[illegible]	[illegible]

N°. 5.

RÉSULTAT COMPARATIF des Tableaux de progression des Paiemens annuels, ou en une seule fois avec remboursement de la Cotisation ou des Paiemens annuels, ou en une seule fois avec ou sans secours en maladie.

AGE.	PAIEMENS ANNUELS avec remboursement de la Cotisation.		PAIEMENS en une seule fois avec remboursement de la Cotisation.		PAIEMENS ANNUELS — AVEC SECOURS.		PAIEMENS ANNUELS — SANS SECOURS		PAIEMENS en une seule fois — AVEC SECOURS.		PAIEMENS en une seule fois — SANS SECOURS.	
	COTISATION.	CAPITAUX A 50 ANS.	COTISATION.	CAPITAUX A 50 ANS.	COTISATION.	CAPITAUX A 50 ANS.	COTISATION.	CAPITAUX A 50 ANS.	COTISATION.	CAPITAUX A 50 ANS.	COTISATION.	CAPITAUX A 50 ANS.
1	22 80	1,289,579 85	348 "	1,288,676 66	16 50	1,290,566 98	13 "	1,292,525 84	240 10	1,290,589 72	186 85	1,290,477 37
6	31 80	1,727,642 01	466 "	1,728,427 79	22 40	1,728,451 19	17 60	1,750,686 61	592 25	1,728,638 23	307 75	1,728,481 97
11	46 10	1,911,605 02	629 70	1,910,074 26	30 20	1,909,160 12	23 75	1,910,665 50	526 50	1,909,191 "	413 60	1,909,528 68
16	67 50	1,984,190 48	846 "	1,984,715 06	40 "	1,984,584 32	31 80	1,985,728 43	658 50	1,984,610 77	523 05	1,984,616 89
21	104 50	2,093,764 65	1,175 10	2,090,988 25	52 10	2,090,874 48	43 95	2,092,148 01	795 50	2,091,025 94	670 45	2,090,899 60
26	169 80	2,215,900 26	1,675 "	2,217,446 72	70 80	2,217,272 55	62 20	2,218,022 35	978 "	2,217,319 33	865 06	2,217,386 11
31	500 30	2,384,021 35	2,493 50	2,384,154 07	99 70	2,384,093 47	91 70	2,385,183 09	1,250 90	2,384,163 25	1,131 60	2,384,110 39
36	611 "	2,599,431 66	4,007 "	2,599,697 40	152 70	2,599,286 32	144 80	2,599,562 83	1,583 "	2,599,321 15	1,501 05	2,599,332 86
41	1,597 75	2,824,490 90	7,341 "	2,824,621 61	263 40	2,824,464 16	255 80	2,824,850 87	2,043 60	2,824,510 80	1,984 45	2,824,491 10
46	8,006 30	3,116,199 02	19,393 "	3,116,464 68	607 50	3,116,159 16	600 75	3,116,297 59	2,695 80	3,116,211 98	7,663 75	3,116,210 75

ERRATA.

N°. 1. Table de Mortalité.

Colonne de MM. Dupré-St.-Maur et Buffon , premier total de la mortalité, 469, *lisez* 459.

Colonne de M. Kersboom , à l'âge de 5 ans, nombre des individus , 662, *lisez* 862.

Au nom des Observateurs , Kalley ; *lisez* de Halley.

Northempton ; *lisez* Northampton.

N°. 3. Tableau de ce que devra payer chaque individu.

Colonne sixième, ligne 17 , 685—0, *lisez* 685—70.

N°. 4. Tableau de Progression.

Colonne du reste net, âge de 31 ans, 1,233,087—88 ; *lisez* 1,232,087—88.

N°. 4 *bis*. Tableau de Progression.

Colonne du total , âge de 31 ans, 1,324,662—02 ; *lisez* 1,324,662—20.

Même N°. 4 *bis*. Tableau des Epoques, etc.

Colonne du reste net, âge de 67 ans, 1,167,460—22 ; *lisez* 1,167,460—21.

Même colonne , âge de 70 ans , 950,562—58 ; *lisez* 960,562—58.